Alpen, Täler, WOHNMOBIL

ULI AUFFERMANN

Alpen, Täler, WOHNMOBIL

BRUCKMANN

INHALTSVERZEICHNIS

Steinböcke im Nationalpark Hohe Tauern.

Besuchermagnet Schloss Neuschwanstein bei Füssen.

Die Kombi Wein und Wandern bietet sich im Trentino geradezu an (Mitte). Altstadtbummel in Albertville (rechts).

Unterwegs in eindrucksvoller Bergwelt. Hier am Sustenpass.

»NUR UNTERWEGS ERFÄHRT MAN DAS GEFÜHL MÄRCHENHAFTER VERWUNSCHENHEIT.«

Erich Kästner (1899–1974)

VORWORT

Rund 120 Ziele in den Alpen für Wohnmobilisten

Mit dem Wohnmobil die Alpen entdecken – das ist wahrlich eine traumhafte Erfahrung! Die ungemein abwechslungsreiche Landschaft des rund 1200 Kilometer langen Alpenbogens zwischen Wien und Nizza zeigt nah beieinander so viele unterschiedliche Gesichter, dass man immer wieder fasziniert sein muss. Im Laufe der Erschließungsgeschichte sind – von der Römerzeit über den Beginn des Fremdenverkehrs bis heute – zahlreiche befahrbare Pässe und etliche Tunnel entstanden, die den Transitverkehr gewährleisten, aber auch den Tourismus fördern. Und die wunderschönen Bergstraßen, die man – fahrerisches Können und Topzustand des Fahrzeugs in technischer Hinsicht vorausgesetzt – unbedingt mit einplanen sollte, führen mitunter durch mehrere Klimazonen von einem malerischen Tal über aussichtsreiche Höhen ins nächste Alpental. Dabei eröffnen sich grandiose Blicke über spektakuläre Berglandschaften.

Die Hochgebirgslandschaft des Wallis am Camping des Glaciers ist beeindruckend.

Fahrspaß und Anregung kommen garantiert nicht zu kurz auf kurvenreichen, bisweilen schmalen Passstraßen, die den Abgrund erahnen lassen. Oder aber man nähert sich der bezaubernden Landschaft ganz gemütlich durch ein Flusstal und wählt die bequemste Route.

Zwischen Voralpenland und Hochalpen, Nördlichen Kalkalpen und Seealpen gibt es für den Wohnmobilisten Ziele ohne Ende, ob in den deutschen Alpen, in Österreich oder Italien, in der Schweiz, in Frankreich oder Slowenien.

Mit unterschiedlichstem Klima, mit kultureller Vielfalt und kulinarischen Besonderheiten. Mit hübschen Dörfern und Städtchen, mit Alpenstädten von großer Tradition oder einsamen urigen Bergdörfern weitab vom Trubel. Mal rau, mal lieblich, mit blühenden Wiesen oder kargen Felsen, wo Steinbock, Gämse und Steinadler zu Hause sind. Mit reizvollen Seenlandschaften und kristallklaren Bergseen, am Fuße vergletscherter Westalpenriesen oder in fast schon mediterranem Ambiente – schön ist es in den Alpen immer. Ich wünsche Ihnen viel Spaß beim Entdecken!

HERAUSFORDERUNG ALPEN … EIN PAAR TIPPS

Seitdem in den 1950er-Jahren der zum Kult gewordene »Bulli«, der Volkswagen T1, in Serie ging und eine neue Reisekultur geboren war, zieht es uns mit dem Wohnmobil auch in die Alpen. Manchmal nur zum Transit, doch immer mehr als Ziel der Träume. Inzwischen ist die Vielfalt der Fahrzeuge ebenso beeindruckend wie die technische Entwicklung. Der Freiheit bezüglich Ausstattung und Komfort sind im Grunde nur kostentechnische Grenzen gesetzt, und das erhöht die Möglichkeiten enorm, nicht nur für den Sommer, sondern sogar auch für den Winter. Kompakte Wohnmobile eignen sich für eine Alpentour aber generell besser als »XXL-Formate«. Ganz wichtig: Machen Sie sich zuvor damit vertraut, was Sie auf Ihrer geplanten Route erwarten wird.

Es geht hinauf

Wollen Sie auch hohe Pässe befahren, gelten andere Regeln als für Übergänge in tieferen Lagen, und ausreichend Fahrpraxis und Erfahrung vor allem auf Bergstraßen sind Voraussetzung für eine entspannte Tour. Welche Pässe für Wohnmobile überhaupt geeignet sind und ob man sie zur geplanten Zeit befahren kann, welchen Einfluss die Witterung auf die Befahrbarkeit hat und wo man die entsprechenden Infos dazu erhält, das muss man natürlich genau wissen. Generell ist es für eine Alpenfahrt wichtig, sich Kenntnisse über das Wetter anzueignen, denn Extreme sind dort keine Seltenheit, speziell in höheren Lagen. Vom strahlenden Sonnenschein hin zu einem Unwetter mit nahezu winterlichen Temperaturen ist es da nicht weit. Das gilt oftmals auch für die Temperaturspanne zwischen Tag und Nacht, zwischen Tal und Höhenlage, sodass es schnell mal richtig kalt werden kann! Auch im Sommer kühlt es je nach Reiseziel nachts empfindlich ab; deshalb sollte man sich mit der Heizung schon auskennen und immer auch warme Kleidung dabeihaben. Dass winterliche Temperaturen für eine Reise in die Alpen kein echter Hinderungsgrund sind – abgesehen von manch gesperrtem Pass oder wegen Lawinengefahr nicht befahrbarer Straße –, davon zeugen die vielen Campingplätze, die auch in der kalten Jahreszeit für Camper zur Verfügung stehen!

Klein und kompakt hat auch seine Vorteile

Befahren der Pässe

Bei einer Fahrt in die Berge sollte man sich nicht als absoluter Neuling ans Steuer setzen, insbesondere was steile Straßenabschnitte, enge Kurven und winterliche Verhältnisse angeht. Hat das Fahrzeug der Wahl nicht gerade das klassische VW-Bus-Format, sind Gewicht und Größe und dadurch das Fahr- und Bremsverhalten deutlich anders als beim Pkw. Ganz allgemein sind immer etwas Übung und am besten auch ein Fahrsicherheitstraining anzuraten, egal wohin man in den Alpen möchte. Dass das Fahrzeug in einem technisch einwandfreien Zustand sein muss – und das gilt ganz besonders für die Bremsen –, versteht sich von selbst.

Das Bergauffahren gestaltet sich meist relativ problemlos. Vorsichtige sollten sich nicht scheuen, dabei zwischendurch auch mal in eine Parkbucht auszuweichen, um mögliche ungeduldige »Verfolger« vorbeizulassen. Eindeutig der an-

Campingplätze am Wasser sind besonders beliebt, wie hier Camping Grubhof in St. Martin bei Lofer.

spruchsvollere Abschnitt der Passfahrt ist aber die Strecke bergab. Um die Bremsen nicht zu stark zu belasten, wird geraten, zusätzlich mit dem Motor zu bremsen, also einen kleineren Gang einzulegen – auch das kann man vorab üben. Als nützlicher Hinweis gilt: Hinunter im gleichen Gang fahren, den man auch zur Auffahrt benutzen würde!

Im schlimmsten Fall

Für den echten Notfall, sollten also die Bremsen versagen, geben Experten folgende Anweisung: Zeigt das Betätigen des Bremspedals keinerlei Effekt, dann langsam und vorsichtig die Handbremse ziehen und schlussendlich den Wagen im spitzen Winkel bis zum Kontakt an die Leitplanke oder Mauer bzw. Felswand lenken, um den Wagen so zu verlangsamen und zum Stehen zu bringen. Hört sich schlimm an, aber wenn ansonsten ein Frontalaufprall oder gar Absturz droht, ist ein teildemoliertes Wohnmobil allemal die bessere Alternative.

Stellplätze für Wohnmobile

Damit es nicht zu Enttäuschungen kommt, sollten Wohnmobil-Neulinge wissen, dass Womo-Stellplätze, anders als Campingplätze, nicht selten wenig Infrastruktur bieten. Stattdessen bestehen sie aus einem manchmal sehr unromantischen, dafür aber praktischen und meist preiswerten Stellplatz für das Fahrzeug – etwa auf einem Großparkplatz oder einer sonstigen geeigneten Fläche. Wird mehr Ausstattung geboten, kann diese recht unterschiedlich sein. Eine Einrichtung, an der sich Frischwasser auffüllen lässt, findet man recht häufig, so wie man oft auch das sogenannte

An der Nockalmstraße.

Grauwasser (Abwasser, nicht aber Chemietoilette) entsorgen kann. Besonders praktisch ist, wenn das für die Entleerung der Campingtoilette ebenso möglich ist und zusätzlich eine Stromversorgung besteht. Da die Plätze in der Regel nicht persönlich betreut werden, erfolgt die Bezahlung meist über Münzautomaten, per Smartphone oder mit Karten. Komfortabler eingerichtete Stellplätze haben vielleicht ein Sanitärgebäude und einen Grill- oder Picknickplatz, manche sogar einen Kinderspielplatz.

Etwas Besonderes an Campingplätzen ist der sogenannte »Stellplatz vor der Schranke«. Dort darf man das Wohnmobil unabhängig von den Öffnungszeiten des Campingplatzes hinstellen, kann also nach Schließung der Anmeldung anfahren oder am Morgen frühzeitig weiterfahren. Auch als »Stop & Go-Plätze« oder ähnliches bezeichnet, gibt es dort unterschiedliche Verfahren zur Bezahlung.

Grundsätzlich empfiehlt es sich, Auffahrkeile mitzuführen, um bei einer (leichten) Hanglage des Stellplatzes den Wagen ausrichten zu können und nicht in Schieflage übernachten zu müssen.

Platzsuche für die Nacht

Mit guter Vorbereitung und/oder etwas Zeit findet man bestimmt überall eine schöne Stelle für die Nacht, aber Achtung: Das Übernachten sollte dort auch erlaubt sein, denn sonst drohen mitunter empfindliche Strafen! Die Regelungen in den einzelnen Ländern sind teilweise unterschiedlich. Schon aus Respekt vor den Interessen anderer (letztlich aber auch im eigenen) sollte man sich an die Vorgaben halten und Anwohner, Landwirte oder Waldbesitzer nicht gegen Camper aufbringen, denn über kurz oder lang würde es dann zu weiteren Einschränkungen und Verboten führen –

Wunderbarer Blick auf das Tal des Vorderrheins.

von der schlechten Stimmung gegenüber Wohnmobilisten gar nicht zu reden. Sollte es doch einmal zu einer ungeplanten Übernachtung abseits öffentlicher Stellmöglichkeiten kommen, ist es unbedingt geboten, zuvor auf die Anlieger freundlich zuzugehen und anzufragen, ob sie eine Fläche zur Verfügung stellen würden, anstatt sich einfach irgendwo hinzustellen. Es versteht sich von selbst, dass man nicht erst am späten Abend anklopft, alles sauber hinterlässt und natürlich auch sein eigenes WC dabei hat. Wer weiß, vielleicht ergibt sich dabei sogar das eine oder andere nette Gespräch.

Es tut sich etwas

In Deutschland und Frankreich wurden mittlerweile schon recht viele Wohnmobil-Stellplätze ausgewiesen; anderswo, etwa in der Schweiz und Slowenien, wird zum Teil intensiv daran gearbeitet. Allgemein kann man sagen, dass der Markt – verstärkt durch das Urlaubsverhalten der letzten Jahre (Corona-Pandemie) – stark in Bewegung geraten ist. Auf der einen Seite haben manche Platzanbieter wegen des großen, teilweise unkontrollierten Ansturms aufgegeben, doch sind auch viele neue Areale entstanden, denn Wohnmobilisten werden zunehmend als attraktive Gästegruppe wahrgenommen. Deshalb gilt mehr als sonst, möglichst aktuelle Infos heranzuziehen. Und mit etwas Zeitreserve anzureisen, ist immer ratsam, vor allem, wenn man zuvor nicht reserviert hat bzw. keine Möglichkeit dazu bestand, damit man nicht wegen Platzmangels abgewiesen wird. Die Devise heißt also: flexibel sein.

Ein paar Tipps

Generell gilt: Für die Fahrt in den Bergen ist man mit einem kompakt gebauten Fahrzeug besser beraten. Ortsdurchfahrten gestalten sich leichter, es gibt mehr geeignete Parkplätze, das Rangieren ist unkomplizierter und man findet auch auf kleineren Stellplätzen, etwa bei einem Bauern, Platz. Gibt es von Seiten der Platzanbieter in den Übersichten, Listen oder Apps bereits Hinweise auf eine Längenbegrenzung, dann halten Sie sich bitte unbedingt daran!

Benötigt man einen Stellplatz für eine Nacht, könnte es nützlich sein, sich zuvor Gasthöfe mit großen Parkplätzen herauszusuchen (z. B. auf Google Maps), um dann telefonisch nachzufragen, ob man dort stehen darf, wenn man im Gegenzug dafür bei ihnen einkehrt.

Für das Abstellen untertags empfiehlt es sich, größere Parkplätze anzufahren, etwa bei Freibädern oder Sportstätten, bei Bergbahnen und Sehenswürdigkeiten, oder Wanderparkplätze anzusteuern, sofern das Parken für Wohnmobile dort nicht verboten ist. Vermehrt nutzen inzwischen die Gemeinden oder Betreiber solche bestehenden Flächen, die ab dem Abend nicht mehr gebraucht werden, um Touristen mit Wohnmobilen einen Platz für die Nacht zu bieten.

Immer mehr Campingplätze entwickeln spezielle Gastkonzepte, die vielleicht auch für den Wohnmobil-Urlauber interessant sein können: »Ü-16-« oder »Ü-50-Angebote«, ECO-Camping (also Plätze mit weitreichenden Umweltschutz-Richtlinien), Familienplätze oder Campings, die keine Haustiere zulassen. Andersherum gibt es natürlich auch solche Plätze, die sich gerade an Hundebesitzer wenden usw.

Im Idealfall kann man Berg- und Badeurlaub verbinden, auch am Alpen-Caravanpark Tennsee (links). Burgen und Berge, Obst- und Weinanbau – das macht das sonnenverwöhnte Südtirol aus (rechts).

Die Alpenländer – nützliche Infos

Eines vorweg: Vor Urlaubsbeginn sollte man sich bei seinem Autoclub noch einmal nach den aktuellen Regeln erkundigen, was zum Beispiel die Höchstgeschwindigkeiten und die Mautabwicklung angeht oder was verpflichtend im Wagen mitgeführt werden muss (z. B. Anzahl der Warnwesten, Verbandszeug oder Warndreieck).

Österreich

Für Camper ein beliebtes Urlaubsland.

Sehr gute Qualität der Camping-Einrichtungen. Stellplätze für Womos, auch vor den Schranken der Campingplätze, gibt es inzwischen häufiger, eine Ver- und Entsorgung (Frischwasser bzw. Grauwasser, Schwarzwasser) ist verbreitet möglich.

Mautsystem: Vignettensystem für Fahrzeuge bis 3,5 Tonnen (Vignette frühzeitig besorgen). Liegt das Gewicht darüber, gilt eine fahrleistungsabhängige Maut (eine GO-Box wird benötigt, sie tritt dann automatisch in Kontakt mit den Mautportalen), an mehreren Tunneln und Alpenstraßen wird eine zusätzliche Maut erhoben.

Schweiz

In der Schweiz steigt die Zahl der Campingübernachtungen ebenfalls stetig.

Die meisten Campinganlagen verfügen über einen hohen Standard. Dazu werden Stellplätze vor den Anlagen und eigens angelegte Womo-Stellplätze in den letzten Jahren deutlich zahlreicher angeboten.

In vielen Kantonen ist das Übernachten auf Parkplätzen und an Raststätten verboten, generell darf in geschützten Gebieten nicht »wild« campiert werden.

Es besteht Tagfahrlichtpflicht.

Mautsystem: Vignettensystem für Fahrzeuge bis 3,5 Tonnen, bei mehr Gewicht ist bei Einreise eine Schwerverkehrsabgabe zu entrichten. Mehrere Tunnel erheben eine Sondermaut.

Deutschland

Das deutsche Alpengebiet ist für Camper bestens erschlossen. In Bayern gibt es jedes Jahr mehrere Millionen Campingübernachtungen, davon ein erheblicher Teil in den deutschen Alpen – dort befindet sich etwa ein Drittel aller bayerischen Campingplätze. Die Ausstattung gehört europaweit zu den hochwertigsten. Eine gute Versorgung mit Wohnmobilstellplätzen ist in vielen Gegenden gegeben und nimmt stetig zu. Auch die Stellplätze vor den Schranken der Campingplätze werden immer mehr.

Italien

An den wichtigen touristischen Orten finden sich in Südtirol und im Trentino meist reichlich Campingplätze, die qualitativ zu den hochwertigsten im europäischen Vergleich zählen. Reine Wohnmobilstellplätze (Area di Sosta Camper) sind nicht so verbreitet, auch Campingplätze, die Stop & Go-Plätze anbieten, sind noch eher selten.

Außerhalb geschlossener Ortschaften besteht Lichtpflicht.

Mautsystem: Fast alle Autobahnen sind mautpflichtig, bezahlt wird an den Mautstellen bar oder per Karte.

Frankreich

In den französischen Alpen gibt es wunderschön gelegene, gut ausgestattete Campingplätze. In kleineren Orten findet man auch schon mal recht einfache »Camping Municipals« oder aber mitunter innerstädtisch bzw. zentral gelegene offizielle Wohnmobilstellplätze (Aire de Camping-Car), die zumindest ihren Zweck erfüllen, während die Lage nicht unbedingt besticht – für einen Zwischenstopp aber eben vollkommen ausreichen, wie man es auch in Deutschland kennt. So bietet Frankreich den Wohnmobilisten also eine überwiegend gute bis sehr gute Versorgung.

Mautsystem: Die Autobahnmaut wird auch hier direkt an Mautstellen in bar oder per Kreditkarte entrichtet. Tunnel und Brücken sind zusätzlich mautpflichtig.

Slowenien

Slowenien baut seit einiger Zeit sein Stellplatzangebot aus, um der größeren Nachfrage gerecht zu werden. Alle ausgewiesenen Stellplätze sind umzäunt und mit einer Schranke ausgestattet, Stromanschlüsse sind vorhanden und Wasserversorgung sowie Fäkalienentsorgung ist gewährleistet.

Mautsystem: Für Fahrzeuge unter 3,5 Tonnen wird auf Autobahnen und mautpflichtigen Schnellstraßen eine Vignette verlangt, für schwerere Wagen ist die Ausstattung mit einem DarsGo-Gerät Pflicht, um am elektronischen Mautsystem teilzunehmen.

Es gilt auch tagsüber Lichtpflicht.

Das Übernachten an Straßen und auf Parkplätzen ist generell untersagt.

Infomaterial

Weil das Reisen und Urlauben mit dem Wohnanhänger oder dem Wohnmobil mittlerweile sehr an Popularität zugenommen hat, haben sich auch die Angebote für Womos verbessert. Das gilt ebenso für die Informationsmöglichkeiten, die deutlich mehr und vielfältiger geworden sind.

Inzwischen gibt es von verschiedenen Camping- und Automobil-Clubs, aber auch anderen Anbietern Camping- und Stellplatzführer – in Buchform, digital oder über das Internet verfügbar. Je nach Interesse findet man sie auch nach Themenschwerpunkten sortiert, zum Beispiel für das Campen oder Übernachten auf Bauernhöfen, in oder in der Nähe von romantischen Städten oder auch an Badeseen.

Übersicht im Internet

Entsorgungsstationen Deutschland und Europa: bordatlas.de
Für die Deutsche Alpenstraße: deutsche-alpenstrasse.de
Eine Stellplatzliste für die Schweiz, nach Kantonen sortiert: womoland.ch
Slowenische Wohnmobilplätze: camperstop.si
Stellplatzliste des Österreichischen Camping Club ÖCC, nach Bundesländern sortiert: campingclub.at
Für die Stellplatzsuche in Deutschland und anderswo:
Deutschland, Schweiz, Österreich: stellplatz.info
Deutschland, Österreich, Schweiz, Italien, Frankreich und weitere: promobil.de
Deutschland: wohnmobil-atlas.de

Frühlingszauber: Krokuswiese am Großglockner.

IN DEN HOHEN TAUERN

Auf Rundfahrt um den Großglockner

Er ist Österreichs höchster Gipfel. Gleich mehrere Gletscher umgeben ihn, und natürlich gilt er als schönster Berg der Ostalpen. Der Großglockner, Traum und Ziel unzähliger Menschen Jahr für Jahr. Ihn einmal gesehen zu haben – ein Muss. Von wo auch immer, der Anblick des Berges ist grandios!

Die Hohen Tauern mit der Glocknergruppe befinden sich im Dreiländereck Osttirol–Salzburg–Kärnten. Dort steht er, der 3798 Meter hohe Großglockner, markantes Wahrzeichen des Landes. Formschön, elegant, umgeben von einer einzigartigen Berg-, Gletscher- und Seenlandschaft, darunter die mehrere Kilometer lange Pasterze, der längste Gletscher des Landes. Da lässt man sich doch gerne einmal von der Neugier auf einen der berühmtesten Berge der Alpen leiten und nutzt die Großglockner Hochalpenstraße im Verbund mit der Felbertauernstraße, um den »Glockner« nicht nur von der weltbekannten Kaiser-Franz-Josefs-Höhe, sondern von allen Seiten zu bewundern und dabei in einer großen Runde einladende Orte wie Zell am See und Heiligenblut, Lienz im Drautal und Matrei in Osttirol oder Mittersill im Salzachtal kennenzulernen!

DIE TOP 5 STELL- UND CAMPINGPLÄTZE DER REGION

1. Nationalpark-Camping Großglockner
Hadergasse 11
A-9844 Heiligenblut
nationalpark-camping.at
GPS: 47.037214, 12.838444

2. Schlosswirt Nationalpark-Hotel
Döllach 100
A-9843 Großkirchheim
schlosswirt.net
GPS: 46.974632, 12.891978

3. Comfort-Camping Falken
Falkenweg 7
A-9900 Lienz
camping-falken.com
GPS: 46.822692, 12.771094

4. Camping Edengarten
Edenweg 15a
A-9971 Matrei in Osttirol
campingedengarten.at
GPS: 46.995290, 12.539444

5. Nationalpark Camping Kals
Burg 22
A-9981 Kals am Großglockner
nationalpark-camping-kals.at
GPS: 47.019055, 12.636546

Auf dem Weg hinauf zum Aussichtspunkt Edelweißspitze.

»Veteranen-Treffen« auf der Großglockner Hochalpenstraße.

1 GROSSGLOCKNER HOCHALPENSTRASSE

Top-Aussichten inklusive

Ein echter Klassiker unter den Gebirgsstraßen! Die in den 1930er-Jahren erbaute Großglockner Hochalpenstraße ist aber viel mehr – sie ist die Königin unter Österreichs Passstraßen; ja, sie zählt zu den Top-Drei-Sehenswürdigkeiten des Alpenlandes! Kein Wunder, bietet doch diese Straße mit ihren vielen Kehren auf dem Weg hinauf ins Herz des Nationalparks Hohe Tauern sensationelle Ausblicke auf die umliegenden Dreitausender. Highlight ist natürlich der Großglockner, der höchste Berg Österreichs. Und so kommen Jahr für Jahr rund eine Million Menschen zum traditionsreichen Aussichtspunkt auf der 2369 Meter hoch gelegenen Franz-Josefs-Höhe! Die Großglockner Hochalpenstraße (47,8 km) durchquert die Gebirgsgruppe der Hohen Tauern in Nord-Süd-Richtung genau da, wo Österreichs Berge die höchsten Höhen erreichen. Vom Salzachtal über Heiligenblut und das Mölltal bis nach Lienz im Drautal werden rund 86 Kilometer zurückgelegt. Los geht es an der Salzachbrücke im rund 750 Meter hoch gelegenen Bruck a. d. Großglocknerstraße am Kilometerstein Null, und spätestens hinter der Mautstation spürt man: Jetzt geht's wirklich ins Gebirge! Am Schleierwasserfall vorbei zieht die Straße in Kehren hinauf zum Fuscher Törl mit toller Aussicht. Noch spektakulärer ist ein kurzer Abstecher Richtung Edelweißspitze (2571 m). Wem die schmale Straße und die größere Steigung auf dem Weg dorthin nicht ganz geheuer ist, kommt auch in rund 30 Minuten zu Fuß ans Ziel.
Anschließend weiter der Passstraße nach, ist bald der Scheitelpunkt auf 2505 Metern Höhe erreicht, und im Bergab folgt Serpentine auf Serpentine. Doch auf keinen Fall darf man den Abzweig über die Gletscherstraße zur Kaiser-Franz-Josefs-Höhe mit dem Besucherzentrum versäumen – dem Touristenmagneten an der Glocknerstraße. Denn hier eröffnet sich auf den von Spalten und Rissen durchzogenen Gletscherstrom der Pasterze und hinauf in die imposante Fels- und Eiswand des Großglockners ein unvergesslicher Blick, den schon der Kaiser selbst mit seiner Frau Sisi 1856 bei einer Wanderung dorthin erleben wollte!

AUF EINER WANDERUNG HINUNTER ZUR PASTERZE KANN MAN SICH AUCH EINER GEFÜHRTEN TOUR MIT EINEM NATIONALPARK-RANGER ANSCHLIEßEN.

TIPP

Vom sehenswerten Besucherzentrum an der Franz-Josefs-Höhe kann man zur Pasterze hinabwandern. Am Gletscherbruch tritt das Schmelzwasser aus dem Eis und bildet den Anfang der Möll. Wer möchte, vereinfacht sich den Weg mit der Gletscherbahn.

Schloss Bruck oberhalb von Lienz.

2 HEILIGENBLUT

Berühmtes Bergdorf

Überragt vom Großglockner und eingebettet ins obere Mölltal mit dem Blickfang der erhöht gelegenen Pfarrkirche St. Vinzenz ist Heiligenblut das Ideal eines Bergdorfes und weltbekannt. Sehr früh, schon nach der Erstbesteigung des Glockners im Juli 1800, gewannen der Ort und seine Führer alpintouristische Bedeutung. Insbesondere Familien lockt heute auch ein rekonstruiertes Goldgräberdorf nach Heiligenblut. Bis um 1800 wurden in der Glocknergruppe zudem noch weitere Bodenschätze wie Silber, Kupfer und Zinn abgebaut. Heiligenblut ist Start- bzw. Endpunkt der Großglockner Hochalpenstraße.

TIPP

An der Großglockner Straße, kurz hinter Heiligenblut, bietet das Hotel-Restaurant Schlosswirt ganzjährig fünf Stellplätze an. Weitere Zusatzangebote möglich (siehe S. 19).
Gut steht man auch auf dem kleinen Campingplatz Gasthof Zirknitzer in Großkirchheim, wo es in der Nähe ein Naturschwimmbad gibt (camping-zirknitzer.at).

3 LIENZ

Ein Hauch von Süden

Die Osttiroler Bezirkshauptstadt liegt in einem weiten Talbecken zu Füßen der schroffen Lienzer Dolomiten. Hier mündet die von Norden herbeiziehende Isel in die von West nach Ost fließende Drau. Wegen ihres mediterranen Klimas wird Lienz auch »Sonnenstadt« genannt. Unbedingt sehenswert sind die Lienzer Altstadt mit ihren Kirchen und das im 13. Jahrhundert auf einem Hügel erbaute Schloss Bruck mit städtischem Museum im Westen der Stadt. Für Besucher attraktiv machen Lienz aber auch die zahlreichen Straßencafés, die fast schon südliches Ambiente verbreiten.

TIPP

Bei einer schwungvollen Abfahrt von der Moosalm mit dem »Osttirodler«, einer fast drei Kilometer langen Ganzjahresrodelbahn, erlebt man neben der Fahrt zugleich ein sensationelles Panorama über die Stadt Lienz und die umliegende Tallandschaft. Ein atemberaubendes Erlebnis für Groß und Klein (osttirodler.com, lienzer-bergbahnen.at)!

In Heiligenblut kann man sein Glück als Goldgräber versuchen.

Naturschauspiel Umbalfälle.

5 VIRGENTAL

Ein Kleinod

Bei Matrei in Osttirol, wo das interessante Nationalparkhaus zu finden ist, zweigt vom Iseltal das ursprüngliche Virgental Richtung Westen ab. Ein Kleinod unter den Tälern der Ostalpen zu Füßen der Dreitausender der Venedigergruppe! Neben dem sonnenverwöhnten Virgen ist Prägraten am Großvenediger einer der beiden Hauptorte des Tales. Prägraten im hinteren Virgental gilt als idealer Ausgangspunkt für beeindruckende Wanderungen oder hochalpine Unternehmungen.

TIPP

Es gibt ihn erst wenige Jahre, den höchsten Kreuzweg der Alpen bei Prägraten. Ein mehrtägiger alpiner Pilgerweg zum Wandern und In-sich-Gehen, der die Menschen verbinden und mit der imposanten Bergnatur im Schatten des Großvenedigers zusammenbringen will (praegraten.info).

4 FELBERTAUERNSTRASSE

Die Winterfeste

Sie führt als erstes Teilstück von Mittersill im Salzachtal über Matrei nach Lienz und ebenso wie die Großglockner Hochalpenstraße von Nord nach Süd durch die Hohen Tauern. Weil die Straßenbauer nicht zuletzt auch Galerien zum Schutz vor Lawinen und Tunnelsysteme anlegen mussten – technisches Herzstück ist sicherlich der über fünf Kilometer lange mautpflichtige Felbertauerntunnel – konnte die Felbertauernstraße erst 1967 als wichtige Verkehrsverbindung zwischen Nord- und Osttirol sowie Richtung Italien fertiggestellt werden.

TIPP

Vom Parkplatz vor dem Nordportal des Felbertauerntunnels hat man einen prächtigen Blick auf die Kitzbüheler Alpen im Norden, die Glocknergruppe im Osten und die Venedigergruppe im Westen. Anhalten lohnt sich. In rund eineinhalb Stunden kann man von dort zum Amertaler See wandern.

6 UMBALFÄLLE

Tosende Wasser

Wasserfälle gehören wohl zu den beeindruckendsten Naturschönheiten der Alpen. Sie rauschen, tosen oder donnern den Fels hinab, je nach Tages- oder Jahreszeit, Wetterlage und Niederschlagsmenge. Am Ende des Virgentals lässt sich an den Umbalfällen die gewaltige Kraft eines natürlichen Gletscherflusses hautnah erleben. Seit die Wasserkraft zur Energiegewinnung auch in den Alpen sehr intensiv genutzt wird, ist das längst nicht mehr selbstverständlich.

TIPP

An den Umbalfällen fasziniert Europas erster Wasserschaupfad auf dem Natur-Kraft-Weg. Eine knapp drei Stunden dauernde Wanderung führt von der Hofschaft Ströden zur Pebellalm, wo der Wasserschaupfad beginnt. Eine Broschüre gibt es im Tourismusbüro Prägraten.

Weißschäumend fließt die Isel durch das Tal (oben). An der Mautstelle auf der Felbertauernstraße (unten).

Der Nationalpark Hohe Tauern ist ein Glanzstück der Ostalpen.

7 NATIONALPARK HOHE TAUERN

Ein Naturschauspiel

Im 120 Kilometer langen Gebirgskamm der Hohen Tauern versammeln sich viele der höchsten Berggruppen des Landes und zugleich die östlichsten Dreitausender der Alpen! Herzstück des ältesten Nationalparks in Österreich ist der Großglockner inklusive Pasterze. 1971 fiel in Heiligenblut der Gründungsbeschluss. Dabei galt es, die Interessen der Energiewirtschaft und des Tourismus mit dem Naturschutz in Einklang zu bringen. Zehn Jahre später war es so weit, und die ersten Schutzmaßnahmen konnten umgesetzt werden. Weitere Highlights sind die Krimmler Wasserfälle, die Großglockner Hochalpenstraße oder die Kraftwerksanlage in Kaprun mit den Hochgebirgsstauseen. Das 2007 eröffnete Nationalparkzentrum in Mittersill im Salzachtal informiert ausführlich über den zugleich größten Nationalpark der Alpenrepublik.

TIPP

Zum Nationalpark Hohe Tauern sind Informationszentren eingerichtet worden, die jeweils einen anderen Themenschwerpunkt haben. Entlang der Routen sind es das Nationalparkzentrum Mittersill, das Nationalparkhaus in Matrei, das Haus der Steinböcke in Heiligenblut und die Nationalparkinfostelle Virgen (hohetauern.at).

Von der Seeseite aus wirkt St. Wolfgang besonders reizvoll.

DAS SALZKAMMERGUT

Traumziel zwischen Bergen und Seen

Ein landschaftliches Kleinod, eine geradezu herzerwärmende Gegend – das ist das Salzkammergut! Die liebliche österreichische Alpenregion zwischen Dachsteinmassiv, Höllengebirge und Totem Gebirge hat in Sachen Natur und Kultur unheimlich viel zu bieten.

Das Salzkammergut ist ein Paradies für Wanderer, Bergsteiger oder Wassersportler, die sich an den zahlreichen wunderschönen Seen mehr als wohlfühlen. Altausseer See, Attersee, Fuschlsee, Hallstätter See, Traunsee oder auch der berühmte Wolfgangsee – sie alle haben etwas Besonderes! Die Fremdenverkehrsregion, deren Geschichte eng mit dem Abbau von Steinsalz verbunden ist, überzeugt mit so beliebten Orten wie Bad Ischl, Hallstatt, St. Gilgen oder St. Wolfgang. Hohe Pässe müssen im Salzkammergut noch nicht überwunden werden. Dafür kann es in den kleinen, gut besuchten Orten schon mal eng werden. Es empfiehlt sich daher, das Wohnmobil frühzeitig abzustellen, bevor es zu Fuß zum Bummeln durch die Gassen geht. Übrigens gehört das Innere Salzkammergut mit dem Dachsteinmassiv und dem Markt Hallstatt zu den UNESCO-Welterbestätten!

DIE TOP 5 STELL- UND CAMPINGPLÄTZE DER REGION

1. Reisemobil-Stellplatz Salzburg
Carl-Zuckmayer-Straße 26
A-5101 Salzburg
reisemobilstellplatz-salzburg.at
GPS: 47.835710, 13.060441

2. Campingpark Abersee
Reith 22
A-5342 Abersee
campingpark-abersee.at
GPS: 47.734592, 13.428096

3. Stellplatz am Parkplatz Toscana
Toscanapark
A-4810 Gmunden
traunsee-almtal.salzkammergut.at
GPS: 47.911256, 13.786436

4. Caravanpark Ausseerland
Ischlbergstraße
A-8990 Bad Aussee
caravanpark-ausseerland.at
GPS: 47.621483, 13.753077

5. Camping Gößl
Gößl 17
A-8993 Grundlsee
campinggoessl.com
GPS: 47.638131, 13.904067

Sehenswertes Salzburg mit Altstadt und Salzach, überragt von der Festung Hohensalzburg.

8 SALZBURG

Schönste Stadt zwischen Fels und Fluss

Salzburg zieht jedes Jahr unzählige Besucher aus der ganzen Welt an. Es ist die besondere Melange aus historischem und kulturellem Ambiente, aus wunderschöner Umgebung mit Seen, Wiesen und Wäldern, mit steilen Felsen und der über allem thronenden Festung Hohensalzburg, die die Landeshauptstadt zu etwas Einmaligem macht. Die Altstadt zu beiden Seiten der Salzach bezaubert mit ihrem ganz eigenen Charme. In malerischen Gassen locken an jeder Ecke die Kaffeehäuser zu unwiderstehlichen Gaumenfreuden, und eine Sehenswürdigkeit folgt auf die andere. Das Festspielhaus, Mozarts Geburtshaus in der Getreidegasse, das Rathaus, Alter Markt mit Marktbrunnen, Residenzplatz, Dom- oder Kapitelplatz, die Hofstallungen mit der Pferdeschwemme … Bei dieser Auswahl weiß man gar nicht, wohin man zuerst gehen soll!

TIPP

Wer für einen Tag kommt, der wählt für Womos bis 7,5 m Länge – außer am Markttag – den Mirabell-Parkplatz. Will man übernachten, bietet sich der große Reisemobil-Stellplatz Salzburg nahe der Autobahn an. Von hier kommt man mit dem ÖPNV schnell in die Innenstadt (siehe S. 29).

Blick vom Schafberg auf den Wolfgangsee (links).
Im Cumberland Wildpark Grünau (rechts oben).
Der Traunsee lädt zur Rast ein (rechts unten).

9 ST. WOLFGANG

Am berühmten See

Der Wolfgangsee ist sicher der bekannteste See der Region, wenn nicht gar ganz Österreichs. Hier lädt unter anderem der Raddampfer »Kaiser Franz Josef I.« zu einer entspannten Seerundfahrt ein, und das glasklare Wasser, das eine Sicht von bis zu zehn Metern zulässt, ist ein Traum für Taucher. Gleich mehrere Campingplätze rundum machen den Wolfgangsee zu einem Camping-Hotspot. Berühmter Touristenort ist St. Wolfgang, mit dem ebenso bekannten »Weißen Rössl«!

TIPP

Mit der über 100 Jahre alten Zahnradbahn geht es hinauf zur Aussicht vom 1782 Meter hohen Schafberg (5schaetze.at). Ruhig übernachten kann man im kleinen Campingpark Abersee auf der anderen Seeseite (siehe S. 29).

10 GMUNDEN

Kurort am Traunsee

Mit dem wuchtigen Traunstein und den sanften Wiesen bietet der Traunsee ein kontrastreiches Bild. An seinem Nordufer liegt am Ausfluss der Traun der Luftkurort Gmunden, einst wichtige Station des Salzhandels. Im 18. Jahrhundert begannen sich dort die Mitglieder großer europäischer Herrscherhäuser zu erholen. Schmucke Architektur verschiedener Baustile macht Gmunden sehenswert. Romantisches Wahrzeichen ist Schloss Ort auf einer winzigen Insel im Traunsee.

TIPP

In Gmunden steht man zentral auf dem Stellplatz Toscana am Toscanapark (12 Plätze, kein Strom und keine Ver- und Entsorgung möglich, siehe S. 29) oder in Altmünster auf dem Campingplatz Traunsee (camping-traunsee.at).

11 GRÜNAU

Im stillen Almtal

Immer einen Abstecher wert ist Grünau im Almtal, das als zertifiziertes Bergsteigerdorf für nachhaltigen Tourismus steht. Schon die Anfahrt durch die waldreiche Hügellandschaft bezaubert. Vollständig zur Ruhe kommt man im wildromantischen Talschluss, wo überragt von den hellen Kalkgipfeln des Toten Gebirges der tiefgrüne Almsee liegt. Dort widmete sich einst der berühmte Verhaltensforscher Konrad Lorenz seinen Graugänsen.

TIPP

Im Cumberland Wildpark Grünau will man vor der gewaltigen Naturkulisse des Toten Gebirges heimische Wildtiere so naturnah wie möglich halten. Etwa 500 Tiere leben auf den rund 60 Hektar des Parks (wildparkgruenau.at).

12 BAD ISCHL

Mit Sisi im Solebad

Traditionsreich, prächtig, idyllisch – all das trifft auf den berühmten Kurort Bad Ischl zu. Umgeben von Bergen, breitet sich das Städtchen in herrlicher Lage am Zufluss der Ischl in die Traun aus. Schon in den 1820er-Jahren kam der Adel in den damals noch jungen Kurort: Ischl entwickelte sich vom Ort des Salzbergbaus zum Modebad mit prunkvollem Hofleben und prächtiger Architektur. Auch Kaiser Franz Josef I. und seine Frau Sisi machten Ischl zu ihrem Sommerdomizil.

TIPP

Am kleinen, aber beliebten und zentralen Stellplatz Kaiservilla an der Ischlmündung sind laut Gemeindeverwaltung nach 2021 Umbaumaßnahmen geplant. Unbedingt vorher den Stand der Dinge erfragen (badischl.salzkammergut.at)!

13 HALLSTATT

Zwischen Felsen und See

Auf dem dunklen Wasser des Hallstätter Sees spiegeln sich die dicht gedrängt bis in den Hang hineingebauten Häuser Hallstatts – ein malerisches Bild, das Besucher bis aus Asien anzieht. Der Markt Hallstatt hat einen bezaubernden historischen Ortskern, spielte eine wichtige Rolle in der Salzwirtschaft, und als bedeutende prähistorische Fundstätte der älteren Eisenzeit genießt er Weltruhm. Klar, dass hier Wohnmobile schon vorher abgestellt werden müssen.

TIPP

Es gibt mehrere Campingplätze. Bleibt man nur ein paar Stunden, stellt man das Wohnmobil am besten bei Camping Klausner-Höll ab. Zu Fuß ist man schnell im Ort (camping.hallstatt.net).

Ruhig und mit prächtiger Aussicht zum Dachstein präsentiert sich das Gosautal mit seinen Seen (links). Am glasklaren Altausseer See (rechts).

14 GOSAU

Mit Blick zum Felskamm

Wer es ruhig und abgeschieden mag, der ist im Gosautal richtig. Sobald man gen Süden in das reizvolle Hochtal abbiegt, eröffnet sich ein herrlicher Blick, geprägt von grünen Wiesen und Waldhängen und dem typisch für das Salzkammergut verstreut liegenden Dörfchen Gosau. Am Ende des Tals entzückt der Vordere Gosausee mit prachtvoller Aussicht auf das vergletscherte Dachsteinmassiv und das helle Kalkriff des Gosaukamms.

TIPP

Den Hinteren Gosausee erreicht man bei einer etwa zweistündigen leichten Wanderung. Vom Vorderen Gosausee auf rund 933 Metern Höhe geht es nur mäßig bergauf, bis das Ziel auf 1154 Metern Höhe erreicht ist.

15 BAD AUSSEE

Von Wasser umgeben

Die hübsche Stadt mit ihren rund 5000 Einwohnern hat den geografischen Mittelpunkt Österreichs inne, ist Hauptort des steirischen Salzkammerguts, bekannter Kurort an der Traun und liegt nur wenige Kilometer entfernt vom Altausseer See. Bereits die Kelten und Römer bauten in der Region Salz ab. In Altaussee – beim Besuch der Salzwelten Altaussee, dem größten aktiven Salzbergwerks Österreichs – kann man viel darüber erfahren (salzwelten.at).

TIPP

Jedes Jahr im Frühling feiert Bad Aussee das bekannte Narzissenfest. Dabei gibt es u. a. einen Festumzug rund um die hübsche Blume, die in dieser Zeit die Landschaft in ein Blütenmeer verwandelt (narzissenfest.at).

Beeindruckend erheben sich die hellen Kalksteinwände des Dachsteingebirges über den grünen Tallagen.

DIE DACHSTEIN-REGION

Hohe Berge und tiefe Höhlen

Es ist ja so beeindruckend, das Dachsteinmassiv! Als Aussichtswarte über der Steiermark und mit dem zweithöchsten Berg der Nördlichen Kalkalpen imponiert schon gleich der Anblick der hellen senkrechten Felsmauern der Südwände oberhalb der lieblichen Ramsau.

Zwar bleibt der zwischen Ennstal und Salzkammergut gelegene Hohe Dachstein knapp unter der 3000-Meter-Marke und ist in seinem Massiv kein Einzelgipfel, doch gehört er zu den schönsten und bekanntesten Bergen der Alpenrepublik. In den 1960er-Jahren wurde das vergletscherte Dachsteinmassiv als Sommerskigebiet, für den Wintersport und die Sommerfrische erschlossen. Ein Besuchermagnet sind aber auch die fantastischen Schauhöhlen. Das weitverzweigte Höhlensystem des Dachsteingebiets ist das höhlenreichste in ganz Österreich. So machen sich Wanderer, Radfahrer und Höhlenkundler, Alpinisten, Skifahren und Paddler oder einfach nur Sommerfrischler auf nach Schladming im oberen Ennstal und weiter hinauf in die Steirische Ramsau, um vielleicht sogar ganz oben, im Reich des Hohen Dachsteins, ihr Glück zu finden.

DIE TOP 5 STELL- UND CAMPINGPLÄTZE DER REGION

1. Camping Dachstein
Hierzegg 26
A-8972 Ramsau a. D.
camping-dachstein.at
GPS: 47.429306, 13.582575

2. Campingplatz Ramsau Beach
Schildlehen 128
A-8972 Ramsau a. D.
rittisberg.at
GPS: 47.424015, 13.623655

3. Ferienanlage Im Dörfl – Anno 1873
Falkenburg-Dörfl 273
A-8952 Irdning-Donnersbachtal
imdoerfl.at
GPS: 47.509821, 14.096838

4. Stellplatz Liezen
neben der Kletterhalle/ÖAV Friedau
A-8940 Liezen
stadtmarketing-liezen.at
GPS: 47.565145, 14.233539

5. Camping Zirngast
Linke Ennsau 633
A-8970 Schladming
zirngast.at
GPS: 47.398490, 13.692792

Die Ramsau ist ein Wanderparadies in gleich mehreren Höhenlagen.

16 STEIRISCHE RAMSAU

Alles hübsch gegliedert

Das Plateau des Dachsteinstocks mit seinen Gipfeln, zerschrundenen Gletschern und rauen Karstflächen stürzt nach Süden über senkrechte Felswände zu den Terrassen von Filzmoos, Ramsau und Gröbming ab. Noch ein ganzes Stück oberhalb des Ennstals gelegen, präsentiert sich hier die steirische Ramsau auf grüner Hochfläche als anmutige Kulturlandschaft mit uralter bäuerlicher Tradition. Beschauliche Streusiedlungen zeichnen ein überaus reizvolles Bild. Weiter aufwärts empfangen den Wanderer an sanften Hängen die Wiesen und Weiden der Almregion, und einladende Alm- und Berghütten sorgen für Speis und Trank. Am Ende der Mautstraße steht am Fuße der Dachstein-Südwand auch die Talstation der Dachstein Gletscherbahn, die den Höhenunterschied hinauf ins Hochgebirge scheinbar mühelos überwindet.

TIPP

Reine Wohnmobilstellplätze sind in der Region ebenso wenig verbreitet wie Stop & Go-Plätze vor den Campingplätzen. Wer mit einem Wagen bis acht Meter Länge unterwegs ist und es ruhiger mag, der steht gut etwas außerhalb von Ramsau auf dem kleinen Camping Dachstein (siehe S. 37).

Spektakulär – die Hängebrücke am Dachsteinmassiv.

17 HOHER DACHSTEIN

Per Seilbahn

Der »König des Salzkammerguts« ist Hauptgipfel eines Bergmassivs voller Kontraste, mit den größten Vergletscherungen der Nördlichen Kalkalpen im Norden und einer steil aufragenden Südwand, die das Herz der Kletterer höherschlagen lässt. Von rund 500 Metern Höhe steigt der Bergriese auf bis auf fast 3000 Meter und beheimatet dabei unterschiedlichste Ökosysteme. Im Jahr1832 gelang es Peter Gappmayer, den Gipfel des Dachsteins zu erobern. Heute erleichtern Bergbahnen den Aufstieg ins Dachsteingebiet, wo sich u. a. der Eispalast befindet.

TIPP

Die Temperaturunterschiede bei einem Trip aufs Dachsteinplateau darf man nicht unterschätzen! Feste Schuhe und warme Bekleidung mitnehmen, denn dort oben kann es auch im Sommer bei Schlechtwetter eisig kalt sein. Wer auf der Südseite wandern möchte, findet dort ein paar traditionelle Berghäuser und Hütten zum Einkehren.

18 GRIMMING

Der Wächter von Pürgg

Er ist ein typischer »Inselberg« und dominiert in seinem Umkreis das Ennstal, um aus dem weiten Talgrund nahezu übergangslos rund 1700 Meter aufzusteigen: der über 2350 Meter hohe Grimming. Auch wenn er durch ein Tal getrennt etwas abseits des eigentlichen Gebirgszugs liegt, gilt er als Ostpfeiler des Dachsteingebirges. Am Ostfuß des Grimming liegt wie aus dem Bilderbuch entnommen das malerisch um die Kirche versammelte uralte Dörfchen Pürgg mit den liebevoll gepflegten, zumeist denkmalgeschützten Häusern aus Stein und Holz.

TIPP

Ein besonderes Schmuckstück bei Pürgg ist neben dem Dörfchen selbst auch die für ihre romanischen Fresken bekannte Johanneskapelle, die man sich auf jeden Fall ansehen sollte. Eine kostenlose Stellfläche bietet Liezen seinen Gästen mit Wohnmobil am Kletterzentrum an. Es ist Platz für drei Fahrzeuge, und Frischwasser gibt es auch. (siehe S. 37).

Die »Treppe ins Nichts« … die Aussichtskanzel am Dachstein.

Die Rieseneishöhle ist eine der größten Eishöhlen der Welt.

Schladming und Umgebung sind ein reizvolles Reiseziel.

19 DIE DACHSTEINHÖHLEN

Eiskaltes Vergnügen

Die faszinierende Welt der Höhlen lässt sich spannend und hautnah am Dachstein-Nordabbruch bei Obertraun in drei ganz unterschiedlichen Schauhöhlen erleben. Eine aktive Wasserhöhle mit Sinter- und Tropfsteinbildung ist hier die Koppenbrüllerhöhle, die man im Tal erreicht. Per Seilbahn bis zur Mittelstation Schönbergalm muss man dagegen fahren, wenn man die Rieseneishöhle, die bizarre Eisskulpturen hervorbringt, oder die Mammuthöhle mit ihren einzigartigen Felsgestalten erkunden will, von der bislang über 70 Kilometer erforscht sind und davon ein Kilometer touristisch erschlossen ist.

TIPP

Daran sollte man auch im Hochsommer denken: Bei einem Ausflug in die Höhlenwelt des Dachsteingebirges mit vielen Treppen und Stegen, die tief ins Innere des Berges leiten, sollte man auf große Temperaturunterschiede gefasst sein, immer eine Jacke mitnehmen und am besten feste Schuhe tragen.

20 SCHLADMING

Im weiten Talgrund

Ein schönes Städtchen zum Bummeln und Einkehren. Der im oberen Ennstal auf 745 Metern Höhe gelegene Ferienort lockt sommers wie winters mit herrlicher Umgebung und einer hübschen Altstadt. Es lohnt sich auf jeden Fall, die beiden Kirchen, das alte Stadttor und das Stadtmuseum zu besichtigen. Eine Gondelbahn bringt Wanderer oder Skifahrer auf die berühmte Planei, mit tollem Panorama zu den Kalksteinwänden des Dachsteins. Wer etwas länger in der Region bleibt, erhält mit der Sommercard zahlreiche Ermäßigungen (sommercard.info).

TIPP

Zentrumsnah und doch in grüner Lage direkt an der Enns liegt Camping Zirngast. Der Platz ist bis auf wenige Wochen ganzjährig geöffnet, bietet ein Restaurant und zusätzliche Mietunterkünfte. Es gibt zwar keine Stop & Go-Plätze vor der Schranke, aber die Ver- und Entsorgung der Womos ist gesichert (siehe S. 37).

Die brausende Enns.

IM GESÄUSE

Wilde Berg- und Flusslandschaften

Das Gesäuse, das ist das kilometerlange Durchbruchstal der Enns und zugleich das beherrschende Gebirge in diesem Teil der Ostalpen. Jene wildromantische, schluchtenreiche Berg- und Flusslandschaft, die beim Anblick von Admonter Reichenstein oder Großem Buchstein sicher jedes Herz höherschlagen lässt.

Eine Landschaft der schönen Steiermark, wie zum Staunen gemacht. Denn spektakulär geht es am Gesäuseeingang zu. Mit der unwiderstehlichen Kraft des Wassers hat sich die Enns hier ihren Weg durch die Berge erkämpft, und mit lautem Tosen schießt sie in riesigen Stromschnellen durch ein von steil aufragenden Felsmauern begrenztes Bett. Hinter Admont verwandelt sich das Flüsschen zu diesem Aufsehen erregenden Naturschauspiel. Eine tiefe Schlucht entstand, wo die Berge fast 1800 Meter in die Höhe streben. Wer nah heran will: Im 2002 gegründeten Nationalpark Gesäuse wurden gleich mehrere Themenwege angelegt. Ja, es ist wild im Ennstal zwischen Krumau und Hieflau.

DIE TOP 5 STELL- UND CAMPINGPLÄTZE DER REGION

1. Campingplatz Forstgarten
Gstatterboden 105
A-8912 Johnsbach
landesforste.at
GPS: 47.589416, 14.627725

2. Gasthaus Harmonika Waldi
Wandau 9
A-8920 Hieflau
xeiswaldi.at
GPS: 47.621515, 14.753202

3. Campingplatz Mooswirt
(auch Landhotel, Restaurant und Hüttendorf)
Mooslandl 41
A-8921 Mooslandl
mooswirt.at
GPS: 47.651730, 14.763647

4. Geo – Campingplatz & Chalets Weiberlauf
Krippau 35
A-8931 Großreifling
up-down.at
GPS: 47.673356, 14.739065

5. Stellplatz Eisenerz
Hans-von-der-Sann-Straße
A-8790 Eisenerz
eisenerz.at
GPS: 47.543437, 14.888503

Auch einige prominente Bergsteiger haben in Johnsbach ihre letzte Ruhe gefunden.

21 ADMONT

Mit Benediktinerstift

Der 640 Meter hoch gelegene Luftkur- und Wintersportort Admont im Ennstal gehört zu den ältesten Siedlungen in der Steiermark. Berühmt ist der Ort aber ganz unzweifelhaft für das 1074 geweihte Benediktinerstift, das eine wertvolle Bibliothek in prachtvollen Räumlichkeiten besitzt. Schon von Weitem prägt die Kirche mit den beiden spitzen Türmen das Ortsbild. Die historische Wohnbebauung in Admont, das Schloss Rothelstein etwas außerhalb sowie das Schloss Kaiserau sind ebenfalls sehr sehenswert. Von Admont aus lassen sich die Ennstaler Alpen und insbesondere das Gesäuse besonders gut erkunden. Und dazu muss man noch nicht einmal Bergsteiger sein.

TIPP

Die barocke Wallfahrtskirche Frauenberg liegt wenige Kilometer westlich von Admont auf dem Kulm. Mit ihren kugelförmigen Turmaufbauten bildet sie ein eindrucksvolles Bild vor der Kulisse des Gesäuses. Ein lohnenswerter Ausflug!

22 JOHNSBACH

Das Bergsteigerdorf

Folgt man von Admont der Enns Richtung Osten an Krumau vorbei durch den engen Talabschnitt des Gesäuses, zweigt bald südlich eine Straße in das kleine Johnsbachtal ab. Vom Dörfchen Johnsbach mit dem Kirchlein ist der Bergsteigerfriedhof weithin bekannt. Nicht wenige der einst im Gesäuse umgekommenen Gipfelstürmer wurden dort beerdigt, oder Gedenktafeln erinnern an sie. Die kleine Gemeinde tritt im Sinne der Initiative »Bergsteiger-Dörfer« für nachhaltigen und ursprünglichen Bergtourismus ein. Sehenswert ist an der Enns bei Johnsbach auch der grüne »Weidendom« am nicht nur für Kinder interessanten Erlebniszentrum des Nationalparks Gesäuse.

TIPP

Bei Johnsbach betreibt die Forstdirektion Admont am Ennsufer den Campingplatz Forstgarten. Er liegt im Herzen des Nationalparks am Fuß der Planspitze und bietet auch verschiedene Mietunterkünfte an (siehe S. 45).

Die Stiftskirche ist ein besonderes Prunkstück in Admont.

23 NATIONALPARK GESÄUSE

Natur pur

Er umfasst rund 120 Quadratkilometer zwischen Enns und Hochtor (2369 m) und zeigt laut Nationalpark-Info »das Schönste, was die Steiermark zu bieten hat«. Der Park besteht seit 2002 und erstreckt sich u. a. über die Ortschaften Admont, Johnsbach und Hieflau. Sehr beindruckend ist der schluchtenartige Durchbruch der tosenden Enns bei Admont. Zu den besonders zu schützenden Arten des Parks zählen einige Falter, Fledermäuse und Moose.

TIPP

Das Infobüro für Besucher befindet sich in Admont, während in Gstatterboden der Nationalparkpavillon steht. Von hier hat man eine großartige Aussicht auf die Hochtorgruppe und kann zudem bestens einkehren (nationalpark-gesaeuse.at).

24 LEOPOLDSTEINER SEE

Willkommene Abkühlung

Bei Hieflau zweigt ein weiteres Tal vom Ennstal ab Richtung Süden. Es gabelt sich bald und steuert auf die Stadt Eisenerz zu. Doch zuvor führt uns der bewaldete Talabschnitt zum besonders idyllisch gelegenen Leopoldsteiner See mit dem gleichnamigen Schloss. Richtig schön ist es hier! Während am Nordufer die Felswände der Seemauer in den Himmel streben, wacht am Talschluss der Pfaffenstein, überragt vom gewaltigen Hochschwabgebirge.

TIPP

Beim Gasthaus Harmonika Waldi in Hieflau kann man als einkehrender Gast kostenlos mit dem Wohnmobil nächtigen. Es liegt direkt an der kleinen B 115, die Hieflau über den Leopoldsteiner See mit Eisenerz verbindet (siehe S. 45).

Der Erzbergbau prägt immer noch einige Regionen Österreichs (links). Zwischen Hieflau und Eisenerz liegt der romantische, bis zu 31 Meter tiefe Leopoldsteiner See (rechts).

25 Österreichische Eisenstrasse

Auf der Spur des Erzes

Auf den rund 45 Kilometern von Hieflau im Ennstal nach Leoben im Murtal verläuft ein Abschnitt der Österreichischen Eisenstraße. An der heutigen Ferienstraße werden die Zeugnisse des lange Zeit bedeutenden Erzbergbaus an vielen Stellen sichtbar. Die Bergwerksstadt Eisenerz unterhält dazu ein Museum und ein Schaubergwerk, hat aber auch eine sehenswerte Altstadt.

TIPP

Die Stadtgemeinde Eisenerz bietet in zentraler Lage, direkt neben dem Vitalbad, einige Stellflächen kostenlos an. Ein tolles Angebot, auch Strom und Wasser gibt es (siehe S. 45).

26 Leoben

Die Eisenstadt

Die Stadt an der Mur war vom zwölften Jahrhundert an das Zentrum des steirischen Eisenhandels und der eisenverarbeitenden Industrie. Leobener Eisen ging bis nach Venedig, die Montan-Universität Leobens hat bis heute einen europaweit guten Ruf. In der Altstadt gibt es viele stattliche Bürgerhäuser, das Alte Rathaus und sehenswerte Kirchen, und im Ortsteil Göss steht das älteste Kloster der Steiermark.

TIPP

Wahrzeichen von Leoben ist der alte Mautturm, der wegen seines pilzförmigen Daches »Schwammerlturm« genannt wird. Die Stadtpfarrkirche zum hl. Franz Xaver (1660–1665 erbaut) entspringt der Epoche der Gegenreformation und gilt als ein Hauptwerk des damals landestypischen Jesuitenstils.

Der Weissensee ist einer der vielen schönen Seen in Kärnten, an deren Ufer sich Camper richtig wohlfühlen.

KÄRNTEN

Die große Vielfalt

Badeseen für die Familie, hohe Berge für Unternehmungslustige, hübsche Orte zum Bummeln oder aber Historisches und Modernes zum Sightseeing: In Kärnten ist alles möglich und vor allem ganz nah beieinander. Dazu Campingplätze, die keine Wünsche offenlassen, und zunehmend auch Stellplätze für Wohnmobile.

Kärnten, das südlichste Bundesland Österreichs, ist ein Urlaubsparadies nicht nur für Wanderer und Badeurlauber, sondern mit seinen rund 100 Campingplätzen auch eine Camping-Hochburg inmitten traumhafter Landschaften. Da sind die vergletscherten Zentralalpen, die südlichen Kalkalpen, die sanften Nockberge, die Tallandschaften wie die des Klagenfurter Beckens – und dann die zahlreichen Seen! Bedeutsamen Einfluss hatten lange Zeit die Kirche und der Bergbau. So kann man in Kärnten nicht nur auf traumhaften Pfaden die Natur in allen Höhenlagen erleben, sondern auch in die wechselvolle Geschichte des Landes eintauchen und an vielen Stellen die Zeugnisse vergangener Zeiten entdecken. Erst jüngst hat sich Kärnten zur ersten Slow-Food-Travel-Region erklärt, um sich regionalen, handwerklich hergestellten Lebensmitteln zu widmen.

DIE TOP 5 STELL- UND CAMPINGPLÄTZE DER REGION

1. Wellness Seecamping Parth
Ostriach 10
A-9570 Ossiach
parth.at
GPS: 46.666087, 13.976569

2. Prefelnig Hof (Bauernhof)
Alt-Ossiach 2
A-9570 Ossiach
prefelnig.at
GPS: 46.689006, 14.032840

3. Camping Knaller Weissensee
Techendorf 61
A-9762 Weissensee
knaller.at
GPS: 46.713784, 13.295473

4. Seecamping Mössler
Seefeldstraße 1
A-9873 Döbriach am Wörthersee
moessler.at
GPS: 46.768557, 13.649007

5. Camping Klagenfurt
Metnitzstrand 5
A-9020 Klagenfurt am Wörthersee
camping-woerthersee.at
GPS: 46.618472, 14.256415

Unweit des Ossiacher Sees steht Burg Landskron. Nicht entgehen lassen sollte man sich die Flugschau in der dortigen Adlerarena.

27 OSSIACHER SEE

Ins Camping-Glück

Nordöstlich von Villach, der siebtgrößten Stadt Österreichs, erstreckt sich der gut zehn Kilometer lange Ossiacher See, einer der so angenehm warmen und sauberen Badeseen in Kärnten. An seinen Ufern reiht sich Campingplatz an Campingplatz, mehrere verfügen auch über Stellflächen für Wohnmobile vor der Schranke. Ganz gemütlich lässt sich der See auf einem Radweg umrunden (knapp 30 Kilometer, 85 Höhenmeter). Im Südwesten lädt Burg Landskron mit der Adlerarena und dem Affenberg zu einem Abstecher ein. Vielbesucht sind die hübschen Orte Ossiach, Steindorf, Annenheim oder Bodensdorf.

TIPP

Am Ossiacher See befindet sich ein sehr schöner Naturfreizeitpark für Groß und Klein, zu dem neben dem »Familywald« auch ein Kletterpark gehört. Mit der Kärnten Card haben Familien hier einige Vergünstigungen (kletterwald.at/familywald.at).

28 VILLACH

Kärntens Zweitgrößte

Villach ist die zweitgrößte Stadt Kärntens, liegt verkehrstechnisch günstig und gilt mit ihrem südlich gelegenen Ortsteil Warmbad-Villach (Thermalquellen) und reichlich Natur als begehrtes Ferienziel. Am rechten Flussufer der Drau liegt die kleine Altstadt. Sehenswert ist die im 13. Jahrhundert erstmals urkundlich erwähnte Burg mit Museum oder die Stadtpfarrkirche St. Jakob, von deren über 90 Meter hohen Turm man einen schönen Überblick sogar bis zu den nahen Gebirgsketten hat. Etwas südlich im Schillerpark stehen Büsten von Schiller und Koschat, einem Kärntner Sänger, sowie ein Relief von Kärnten im Maßstab 1:10000.

TIPP

Von den Parkplätzen rechts und links der Drau ist das Villacher Zentrum schnell zu Fuß erreicht. Mit der Kärnten Card gibt es zahlreiche Vergünstigungen bei Gastgebern, ÖPNV, Museen und anderen Freizeitangeboten – extra für Kinder gibt es ein Ferienerlebnisbuch (kaerntencard.at).

Villach ist die geografische Hauptstadt Kärntens und Tor zu den Julischen Alpen.

29 WEISSENSEE

Der Glasklare

In den Gailtaler Alpen liegt der Weissensee, den man von der Straße durchs Obere Drautal abbiegend schnell erreicht. Das fast zwölf Kilometer lange und bis zu 900 Meter breite Gewässer ist ein weiterer der vielen Badeseen, die die Landschaft Kärntens so anziehend machen. Der ruhig gelegene See punktet mit zumeist naturbelassenen, reinen Uferstränden. Da er keine großen Zuflüsse hat und recht windstill liegt, erwärmt sich das Wasser trotz der Höhenlage von rund 900 Metern auf angenehme 20 Grad Celsius und mehr.

TIPP

Eine gemütliche Wanderung kann man am Nordufer des Sees starten, unterwegs einkehren und mit einem Fahrgastschiff der Weissensee-Flotte zum Ausgangspunkt zurückkommen.

30 SPITTAL

Stadt an der Drau

Ja, man ahnt es, der Ort ging aus der Gründung des »Spittl«, eines Hospizes für Pilger, im Jahr 1191 hervor. Ganzer Stolz von Spittal ist Schloss Porcia, das man auch als Schloss Spittal kannte. 1597 fertiggestellt, gehört es zu den schönsten Renaissancebauwerken nördlich des Alpenbogens. Sein prächtiger Innenhof mit den dreigeschossigen Arkaden erscheint wie eine kunstvoll gestaltete offene Halle, die für zahlreiche namhafte Open-Air-Veranstaltungen genutzt wird. Sehenswert sind auch das Rathaus und das Volkskultur Museum.

TIPP

Mit der »Talbahn Goldeck« bequem hinauf zum südlich der Stadt liegenden Goldeck. In 60 bis 90 Minuten wandert man von der Bergstation zum Gipfel des Bergs (2142 m).

In einer waldreichen Wanderregion liegt der bezaubernde Weissensee (links). Die Nockalmstraße führt aussichtsreich durch den UNESCO-Biosphärenpark Nockberge (rechts).

31 MILLSTÄTTER SEE

Der Stattliche

Er ist schon beachtlich mit seinen beinahe zwölf Kilometern Länge und nicht ganz zwei Kilometern Breite: der Millstätter See, der zweitgrößte in Kärnten. 588 Meter hoch gelegen, umgeben ihn sonnenverwöhnte Urlaubsorte wie Seeboden, Dellach, Döbriach oder Millstatt in landschaftlich überaus reizvoller Lage. Sehenswert ist dort insbesondere das ehemalige Kloster und Benediktinerstift, das im elften Jahrhundert erbaut wurde.

TIPP

Im Bereich des Ossiacher und Millstätter Sees kann man das »Nockmobil« rufen, eine Art Sammeltaxi, das auch zu den Almen und abgelegenen Wanderparkplätzen fährt (Tel. +43/123/50044424, nockmobil.at).

32 NOCKBERGE

In den Biosphärenpark

Naturschützer hatten eine Erschließung der von rundlichen Felskuppen und weitläufigen Wiesenhängen geformten Nockberge für den Wintersport verhindert, sodass der Weg für ein Schutzgebiet frei war. 1987 konnte der damalige Nationalpark eröffnet werden – ein herrliches Wandergebiet. Von Innerkrems führt die mautpflichtige, kurvenreiche Nockalmstraße zum Ort Ebene Reichenau. 2012 wurden die Kärntner Nockberge als UNESCO-Biosphärenpark ausgezeichnet.

TIPP

Von der Nockalmstraße führt ein Abzweig zur Aussichtsstelle Turracher Höhe. Hier kann man auf rund 1800 Metern bei Bergheim Schmidt Almhütten & Camping auch über Nacht stehen (bergheimschmidt.com).

Vierzehn Tore schützen die auf einem Felskegel liegende Festung Hochosterwitz.

33 HOCHOSTERWITZ

Die romantische Burg

Wenige Kilometer östlich von St. Veit an der Glan steht die zu Launsdorf gehörende Burg Hochosterwitz, erbaut auf einem isoliert stehenden felsigen Hügel. Ihr romantisches Erscheinungsbild, das einem Märchenbuch entsprungen sein könnte, das interessante Burgmuseum und die Bildergalerie machen sie zu einem ganz besonderen Publikumsliebling. Einst gab es eine ganze Reihe von Burgen im Umkreis der alten Kärntner Hauptstadt St. Veit an der Glan. Heute dagegen muss das weithin sichtbare Hochosterwitz in der direkten Nähe keine Konkurrenz mehr fürchten.

TIPP

Wer mit Hochosterwitz noch nicht weit genug in die Geschichte zurückgeblickt hat, kann ganz in der Nähe einen Abstecher nach Magdalensberg machen, wo sich die Ausgrabungsstätte einer römisch-keltischen Bergstadt befindet.

34 KLAGENFURT

Die Stilvolle

Die Hauptstadt Kärntens hat eine Vielzahl an Sehenswürdigkeiten zu bieten, etwa die Domkirche St. Peter und Paul. Auch die zentrale Altstadt ist mit ihren kleinen Gassen einen Besuch wert. Dort steht am Neuen Platz nicht nur der »Lindwurm« genannte Brunnen, das Wahrzeichen Klagenfurts, sondern auch ein Denkmal für Kaiserin Maria Theresia und das Rathaus. Typisch für Klagenfurt sind die vielen lauschigen oder elegant-repräsentativen Innenhöfe.

TIPP

Der idyllische Lendkanal verbindet die Stadt mit dem nahen Wörthersee. Im Sommer verkehren zwischen Stadt und See Ausflugsschiffe. Wer über Nacht bleiben möchte, fährt zum kleinen Wohnmobil-Stellplatz am Messeparkplatz (GPS: 46.618371, 14.306687) oder steuert Camping Klagenfurt an (siehe S. 51).

35 WÖRTHERSEE

Der Berühmte

Der Landstrich zwischen Klagenfurt und Villach ist weltbekannt für seine Seen. Gemeinsam mit den umliegenden Wäldern, den reizvollen ufernahen Orten und den imposanten Karawanken im Hintergrund entsteht ein herrliches Gesamtbild. Größter und berühmtester aller Kärntner Seen ist der schmale, gut 16 Kilometer lange Wörthersee. Neben etlichen Heimatfilmen wurde hier auch die populäre Fernsehserie »Ein Schloß am Wörthersee« gedreht. Das am Westufer erbaute Schloss Velden diente damals als Film-Location.

TIPP

Wassersport, Faulenzen, Stadtbesichtigung … Man weiß kaum, was man zuerst tun soll. Wie wäre es mit einer etwa zweistündigen Wanderung von Maria Wörth auf den Pyramidenkogel?

Der markante Lindwurmbrunnen in Klagenfurt (oben). Der Wörthersee mit der Halbinsel Maria Loretto (unten).

Einen Abstecher nach Kitzbühel sollte man nicht versäumen.

ZU FÜßEN DES KAISERGEBIRGES

Zwischen Kufstein und Kitzbühel

In dieser beliebten Gebirgsregion Tirols gehen steile Felswände und Aussichtsberge, traditionsreiche Urlaubsorte und städtisches Flair eine so wunderbare Mischung ein, dass nicht nur für jeden etwas dabei ist, sondern eigentlich alles allen gefällt.

Das Kaisergebirge, das sind der Zahme und der Wilder Kaiser, eine nördliche und eine südliche Bergkette. Dieser besondere Gebirgsstock lässt sich auch per Rundfahrt erkunden. Stationen wären reizvolle Orte wie Kufstein, Scheffau, Ellmau, St. Johann in Tirol, Kössen, Walchsee und Niederndorf. Im Süden schließen sich an die hellen Kalkfelsen des »Kaisers« unauffälligere Berge mit sanfteren Wiesenhängen an, die ideal zum Wandern, Mountainbikefahren und Skilaufen sind und sich zu den sonnenverwöhnten Kitzbüheler Alpen emporarbeiten. Einen Blick von hoch oben wagen kann man dann vielleicht bei einem Ausflug nach Kitzbühel, um per Bergbahn auf das Kitzbüheler Horn oder den Hahnenkamm zu fahren und anschließend den mondänen Urlaubsort, der neben der berüchtigten Ski-Abfahrtsstrecke »Streif« auch viel Lokalkolorit bietet, einmal aus der Nähe anzusehen.

DIE TOP 5 STELL- UND CAMPINGPLÄTZE DER REGION

1. Stellplatz Kiefersfelden
Bahnhofstraße 40
D-83088 Kiefersfelden
GPS: 47.610815, 12.191542

2. Wohnmobilstellplatz Parkplatz Kufstein Arena
Fischergries 22
A-6330 Kufstein
www.stadt.kufstein.at
GPS: 47.587153, 12.167880

3. Parkcamping Hager
Kufsteiner Straße 38
A-6336 Langkampfen
camping.hager.tirol
GPS: 47.566015, 12.126032

4. Camping Michelnhof
Weiberndorf 6
A-6380 St. Johann
camping-michelnhof.at
GPS: 47.510268, 12.408828

5. Campingplatz & Hotel Bruggerhof
Reither Straße 24
A-6370 Kitzbühel
bruggerhof-camping.at
GPS: 47.459190, 12.361905

Die riesige Felsscharte Ellmauer Tor kann man auch als Wanderer erreichen.

36 WILDER KAISER

Hin zum Fels

Es ist eines der bedeutendsten Kletterreviere in der Geschichte des Alpinismus: der Wilde Kaiser. Übergangslos steigt seine rund zehn Kilometer breite Felsmauer aus den sanft ansteigenden Wiesen des Söllands hervor. Schon zu Pionierzeiten kamen die Allerbesten in den »Kaiser«, und auch spätere Generationen setzten dort Marksteine. Wer selbst einmal diese Atmosphäre schnuppern möchte, kommt am besten mit dem Rad durch das herrliche Kaisertal oder wählt bei einer Wanderung etwa den Anstieg von Ellmau im Süden.

TIPP

Im Norden von Kufstein zweigt das Kaisertal ab. Es ist Teil des Naturschutzgebiets Kaisergebirge und kann in gut vier Stunden erwandert werden. Ziel ist das 1577 Meter hohe Stripsenjoch, das den nördlichen vom südlichen Teil des Kaisergebirges trennt. Wer in Deutschland übernachten will, wählt den Stellplatz am Bahnhof von Kiefersfelden (siehe S. 59).

37 ELLMAUER TOR

In den Wilden Kaiser

Ellmau ist vielen durch die Fernsehserie »Der Bergdoktor« bekannt. Der gut 800 Meter hoch gelegene Ort abseits der Bundesstraße bietet für Wanderer den idealen Ausgangspunkt, um in das Zentrum des Kaisergebirges »einzudringen«, denn hier öffnet sich die imposante Felsmauer am sogenannten Ellmauer Tor auf etwa 2000 Metern Höhe. Vom Parkplatz an der Wochenbrunner Alm (1087 m, Mautstraße von Ellmau) führt ein bequemer Weg zur Gaudeamushütte, dann ein Steig durch das Kübelkar zum Ellmauer Tor, das man nach rund zwei bis zweieinhalb Stunden erreicht.

TIPP

Trittsichere und schwindelfreie Bergwanderer mit etwas Erfahrung können vom Ellmauer Tor auch noch den Gipfel der Hinteren Goinger Halt ersteigen. Dieser gehört zu den eher leicht erreichbaren Gipfeln des Wilden Kaisers. Dazu folgen sie dem schmalen, felsigen Pfad bis zum Ziel auf fast 2200 Metern.

Das Kaisergebirge ist ein Eldorado für ambitionierte Kletterer, aber auch eine herrliche Wanderregion.

Massive Rundtürme prägen das Bild der Festung Kufstein.

38 KUFSTEIN

Tor zu den Bergen

Wenn man das Inntal Richtung Süden herabkommt, dann wird klar, warum Kufstein das Tor zum Gebirge genannt wird, denn der malerische Urlaubsort am Inn liegt direkt am Fuße des Kaisergebirges. Im Osten überhöht die Silhouette des Wilden Kaisers das Tal, während westseitig der Pendling (1563 m) in die Höhe strebt. Wahrzeichen Kufsteins aber ist die 1205 erstmals urkundlich erwähnte Festung hoch oben auf dem Berg. Weltberühmt und zur »Perle von Tirol« machte den Ort auch das »Kufsteinlied« des Komponisten Karl Ganzer von 1947.

TIPP

Der Stellplatz an der Kufstein Arena bietet eine zentrale Lage, Strom, Wasser Ver- und Entsorgung, kostenlose WC-Nutzung und einen Kinderspielplatz. Zwar nur für sechs Wohnmobile, aber doch mehr als anderswo (siehe S. 59)!

39 FESTUNG KUFSTEIN

Über allem

Auf einem Felsplateau direkt oberhalb des Inns thront weithin sichtbar die Festung Kufstein, die zusammen mit der Stadt erst 1814 durch den Wiener Kongress unwiderruflich zu Tirol kam, denn auch Bayern hatte sie für sich beansprucht. Heute ist die Festung mit den massiven Rundtürmen Heimstatt für Museales und die imposante Heldenorgel, die mit fast 5000 Pfeifen als größte Freiluftorgel der Welt gilt. Die stehen im Bürgerturm, sodass man die Orgel bis zu zehn Kilometer weit hören kann – gespielt wird sie täglich um 12 Uhr.

TIPP

In Mariastein (nahe Kufstein) kann man eines der beliebtesten Wallfahrtsziele Tirols besuchen. In dem 42 Meter hohen Turm von Burg Stein befindet sich eine kostbare spätgotische Marienstatue. Das Wohnmobil parkt man am besten unten an der Unterinntal Landesstraße.

40 KITZBÜHEL

Top auch im Sommer

Wer auf der Rundtour um den »Kaiser« in St. Johann Halt macht, sollte auch im Sommer einen Abstecher in einen der bedeutendsten Wintersportorte Österreichs unternehmen, denn Kitzbühel (762 m) hat immer viel zu bieten. Klar, die Skirennen am Hahnenkamm mit der berüchtigten »Streif« sind Kult. Doch unbedingt beachtenswert ist ebenso der historische Ortskern mit den bunt bemalten, mitunter noch aus dem 15. und 16. Jahrhundert stammenden Häusern. Das alte Jochberger Tor und die schönen Kirchen runden das Bild ab.

TIPP

Auf dem fast 2000 Meter hohen Kitzbüheler Horn etwas nördlich der Stadt gibt es einen schönen Alpenblumengarten. Auch bietet sich hier ein großartiger Panoramablick auf unzählige Berge, inklusive Großglockner.

Kitzbühel erfreut mit etlichen sehenswerten Kirchen und einer schönen Altstadt (oben). Der Inn und die Festung dominieren das Bild von Kufstein (unten).

Der Nepomukbrunnen schmückt
die Bludenzer Altstadt.

ZW. MONTAFON UND INN

Im wildromantischen Westen Österreichs

Etliche Dreitausender und einige von Gletschern umgebene Gipfel der Silvretta- und der Verwallgruppe bilden den einmaligen Rahmen für diese Region. Nur wenige Kilometer sind es vom Bodensee hinauf in die hochalpine Landschaft, und dort gibt es viel zu sehen.

Das Montafon im südlichen Vorarlberg ist eines der ganz besonders beliebten Reiseziele. Rund 40 Kilometer misst das malerische Hochgebirgstal, das bei Feldkirch aus dem Rheintal Richtung Südosten abzweigt. Dort findet man Bilderbuchdörfer wie Schruns oder Tschagguns, während Bludenz als Bezirkshauptstadt am Taleingang liegt. Das Montafon und seine Seitentäler sind ideales Wanderterrain und die Skigebiete hervorragend. Schöne Campingplätze gibt es ebenso, doch sind sie unterschiedlich gut auf Wohnmobile eingestellt. Denn nicht jeder hat Wasserver- und -entsorgungsmöglichkeiten oder Stellplätze vor der Schranke für unabhängiges An- und Abreisen. Die kurvenreiche Silvretta-Hochalpenstraße verbindet das Montafon mit dem Tiroler Paznauntal. Galtür, Ischgl oder Kappl sind dort die bekannten Wintersportorte, die im Sommer genauso reizvoll sind.

DIE TOP 5 STELL- UND CAMPINGPLÄTZE DER REGION

1. Stellplatz Bergbauernhof Gut zum Wurm
Roferweg 28
A-6780 Bartholomäberg
worms-montafon.business.site
GPS: 47.097606, 9.911275

2. Camping Zeinissee
Zeinisjoch
A-6563 Galtür
camping-galtuer.at
GPS: 46.977858, 10.127042

3. ArlBerglife Camping
Pettneu 58c
A-6574 Pettneu am Arlberg
arlberglifecamping.com
GPS: 47.148210, 10.346159

4. Camping Riffler
Bruggfeldstraße 2
A-6500 Landeck
camping-riffler.at
GPS: 47.142401, 10.561301

5. Campingpark Fink
Langgasse 62
A-6460 Imst
campingfink.tirol
GPS: 47.228824, 10.743279

Die Zimba – der markante Berg in der Bildmitte – gehört zur Kulisse von Schruns.

41 BLUDENZ

Weiche ins Montafon

Lechtaler Alpen, Rätikon und Verwall bilden die imposante Bergkulisse für den 588 Meter hoch gelegenen Ort Bludenz, der verkehrsgünstig im Schnittpunkt mehrerer Täler liegt. Urbanes und zugleich historisches, aber auch typisch nordalpines Ambiente verbreitet Bludenz, dessen Altstadt noch schöne Laubengänge hat. Einen Besuch wert sind auch die auf einem Hügel stehende St. Laurentiuskirche mit dem Barockschloss Gayenhofen anbei oder das Kloster St. Peter. Hinter Bludenz geht es Richtung Arlbergpass oder mit der Ill ins Montafon und dort hinauf in die Silvretta, einer ganzjährig beliebten Gebirgsregion.

TIPP

Drei Stellflächen am Berghof: Kurz hinter Bludenz kann man im Sommer nur nach Anmeldung (ansonsten gilt ein Fahrverbot!) am Bergbauernhof Gut zum Wurm nächtigen, wenn man die Vorgaben erfüllt: Wohnmobile maximal 6 Meter lang, WC an Bord und ohne Hund (siehe S. 65).

42 SCHRUNS

Kurort an der Ill

Am Eingang zum wunderschönen Silbertal liegt auf rund 700 Metern Höhe der Hauptort des Montafons: Schruns. Ein beeindruckendes Wahrzeichen der Region ist die markante 2643 Meter hohe Zimba, bekannt auch als das Matterhorn Vorarlbergs, die im Jahr 1848 erstmals bestiegen wurde. Typische Montafoner Häuser und die neuromanische Kirche, die 2020 – als erste Kirche Österreichs – zum Münster erhoben wurde, prägen das idyllische Schrunser Dorfbild. Schruns ist dank seiner zentralen Lage auch idealer Ausgangpunkt für Wanderungen und Ausflüge in die Silvretta.

TIPP

Wanderung zum Silbertaler Winterjöchle: Vom Parkplatz am Ortsende von Silbertal am Flüsschen Litz entlang geht es leicht, aber beständig in die Höhe. Bis zum Winterjöchle braucht man fünf bis sechs Stunden, als ideale Einkehrpunkte zwischendurch bieten sich gleich mehrere Gasthäuser an.

Für einen Bummel durch Bludenz sollte man sich unbedingt Zeit nehmen.

Die Silvretta-Hochalpenstaße ist ein viel besuchtes Ziel; sie ermöglicht einen bequemen Zugang zur Silvretta.

43 SILVRETTA-HOCHALPENSTRASSE

Die Kurvenreiche

Die Silvretta-Hochalpenstraße schlängelt sich in zahllosen Serpentinen durch die baumlose Landschaft in die Höhe und zählt zu den schönsten und beliebtesten Hochstraßen Österreichs. Seit 1954 verbindet die nur im Sommer geöffnete, gut 22 Kilometer lange Mautstraße zwischen Partenen (1051 m) und Galtür (1725 m) das Montafon mit dem Paznauntal in der Silvretta. Noch vor der Passhöhe liegt der etwas kleinere Vermuntstausee. Auf der Bielerhöhe am Silvretta-Stausee wird mit 2037 Metern die Sattelhöhe der Straße erreicht. Die Abfahrt Richtung Paznauntal und Galtür verläuft nun deutlich entspannter, die Landschaft wird zunehmend bewaldeter. Das Paznauntal gilt als besonders schneesicher, und so ist Ischgl nicht nur Hauptort des Tales, sondern insbesondere als Wintersport-Hochburg bekannt.

TIPP

Ein etwa zweistündiger Wanderweg führt um den Silvretta-Stausee und hält dabei zahlreiche schöne Ausblicke bereit. Etwas nördlich davon kann man in besonderer Lage auf dem kleinen Campingplatz Zeinissee auf über 1800 Metern mit Wohnmobilen bis max. 7,5 Meter Länge übernachten (siehe S. 65).

Keimzelle Burg Landecks war der Turm, um den nach und nach weitere Gebäude entstanden.

45 LANDECK

Tor zum Paznaun

An einem womöglich schon vor den Römern wichtigen Verkehrsknotenpunkt, wo Inn und Sanna sich vereinen, liegt Landeck, Hauptort des Oberinntals, umgeben von den Lechtaler Alpen im Norden sowie der Samnaungruppe und den Ötztaler Alpen im Süden. Mit Landeck verbindet man vor allem das etwas südlich der Stadt auf einem Felsen errichtete Schloss Landeck, welches das Ortsbild prägt. Am Ausgang des Inntals gelegen, gehen seine Ursprünge auf das Jahr 1200 zurück. Im Schloss befindet sich auch das Bezirksmuseum.

TIPP

Oft wird Landeck nur in seiner Funktion als Verkehrsknotenpunkt wahrgenommen. Aber ein Halt lohnt durchaus, um sich Burg, Kirche und die typischen Bürgerhäuser anzusehen. In der Kirche gibt es einen besonders schönen geschnitzten Altar.

44 ST. ANTON

Ski heil am Arlberg

Er ist einer der beliebtesten Wintersportorte der Region, pro Saison werden hier bis zu einer Million Übernachtungen gezählt. Auf gut 1300 Meter unterhalb des Arlbergpasses gelegen, gilt der kleine Ort St. Anton seit den Pioniertagen als Synonym für den Skisport, wie man auch im örtlichen Ski- und Heimatmuseum erfahrt. Von hieraus zieht die Arlbergstraße über den Arlbergpass weiter nach Stuben. Bei St. Anton liegt auch der Osteingang des 14 Kilometer langen Arlberg-Straßentunnels. Beide Wege führen letztlich nach Bludenz.

TIPP

In Pettneu bei St. Anton gibt es verschiedene Möglichkeiten zu nächtigen: ein Womo-Stellplatz und mehrere Campingplätze, zum Beispiel den ArlBerglife-Camping am Ortsrand (siehe S. 65).

46 IMST

Am Eingang des Gurgltals

Die Tiroler Bezirksstadt Imst (827 m) liegt sehr schön auf einer Terrasse des Oberinntals. Von dem Fernpass und der von Innsbruck eintreffenden Verbindungsstraße, die weiter nach Reschen und zum Arlberg führt, konnte Imst wirtschaftlich früh profitieren. Relikte aus dieser Zeit sind die zahlreichen Brunnen, die auch als Viehtränke für durchziehende Gespanne gebraucht wurden. Im 15. und 16. Jahrhundert galt Imst zudem als bedeutendes Erzbergbaugebiet Tirols. In der Oberstadt kann man noch einige alte Patrizierhäuser besichtigen.

TIPP

Die verkehrsgünstige Lage könnte man gut dazu nutzen, um zu Fuß und mit dem Rad zu Bergtouren oder auch zu einfachen Wanderungen aufzubrechen. Der CampingPark Fink bietet alles, was man braucht (siehe S. 65).

Beliebt sind Raftingtouren auf der Ötztaler Ache bei Imst (oben). Der Arlberg ist ein herrliches Wandergebiet, das auch wollige Vierbeiner zu schätzen wissen (unten).

Im Oberengadin präsentiert sich eine kontrastreiche und eindrucksvolle Berglandschaft.

IM OBERENGADIN

Schneebedeckte Berge vor azurblauem Himmel

Das Oberengadin ist als von der Sonne verwöhntes Hochtal Graubündens bekannt. Es reicht von Zernez bis zum Scheitelpunkt des Malojapasses und wird im Osten von der einzigartigen Berninagruppe mit dem gut 4000 Meter hohen Piz Bernina flankiert, und auch im Westen stehen beeindruckende Dreitausender.

Die traumhaft schöne Gebirgslandschaft rund um die Oberengadiner Seen mit blühenden Wiesen, Lärchen- und Arvenwäldern im weiten Hochtal, umgeben von hohen Bergen, wird nur noch vom Anblick der berühmten Berninagruppe mit Piz Palü und Piz Bernina – dem einzigen Viertausender der Ostalpen – übertroffen. Gletscher waren es, die einst die Seen schufen und die zwischen West- und Ostalpen gelegene Gebirgsregion im Kanton Graubünden formten. Hier ist die Luft klar und rein, die Täler sind hell und sonnendurchflutet. Wichtig für Wohnmobil-Reisende: Im Oberengadin gibt es eine große Zahl an gut und sehr gut bewerteten Campingplätzen. Viele bieten Servicestationen für Wohnmobile auf dem Platz, aber – es wird nicht überraschen – die Campingplätze im Oberengadin sind sehr beliebt, und so sollte man vorher unbedingt reservieren.

DIE TOP 5 STELL- UND CAMPINGPLÄTZE DER REGION

1. Camping Madulain
Via Vallatscha 115
CH-7523 Madulain
campingmadulain.ch
GPS: 46.587619, 9.939997

2. Camping Chapella
Chapella
CH-7526 Cinuos-chel
campingchapella.ch
GPS: 46.632351, 10.014657

3. Camping St. Moritz
Via San Gian 55
CH-7500 St. Moritz
camping-stmoritz.ch
GPS: 46.477922, 9.825409

4. Camping Silvaplana
Via da Bos-cha 13
CH-7513 Silvaplana
campingsilvaplana.ch
GPS: 46.456136, 9.793738

5. Stellplatz Tua
Talstation Skilift Tua
Julierstraße
CH-7457 Bivio
schneesportbivio.ch
GPS: 46.463479, 9.656169

Zouz mit seinen erhalten gebliebenen Engadiner Häusern (links). St. Moritz ist der bekannteste Ort im Oberengadin (rechts oben). Pontresina mit seinen reich geschmückten Häusern (rechts unten).

47 ZUOZ

Wie eine Zeitreise

Der beliebte Ferienort gehört ohne Frage zu den reizvollsten Dörfern des Oberengadins. Das malerische Ortsbild vereint organisch gewachsene Baustile aus vier Jahrhunderten. Lange bestimmte die einflussreiche Familie von Planta die Geschicke der Stadt, und immer noch prägen jene Herrenhäuser und der sogenannte Plantaturm den Hauptplatz von Zuoz. Bekannt ist das 1716 Meter hoch gelegene Zuoz auch als Zielort des beliebten Engadin-Skimarathons.

TIPP

Bei Zuoz befinden sich zwei ruhige, schön gelegene Campingplätze: Camping Madulain auf 1700 Metern bietet etwa 40 Plätze an, bei Camping Chapella direkt am Inn in Cinuos-chel sind es rund 100 (siehe S. 73).

48 ST. MORITZ

Alles vom Feinsten

Mondäner Wintersportort der Reichen und Schönen, Schauplatz bedeutender Sportveranstaltungen, großartige Bergwelt. Der Ort besteht aus St. Moritz-Dorf (1822 m) und St. Moritz-Bad (1770 m). Gleich zweimal fanden hier Olympische Winterspiele statt. Nachdem 1856 das heutige Kulm Hotel St. Moritz eröffnet worden war, begann der Erfolg als internationale Tourismus-Destination, in der man sich auch im Sommer wunderbar sportlich betätigen kann.

TIPP

Keinen Kilometer vom Ort entfernt, an der Skischanze zwischen Silvaplana und St. Moritz, liegt der Camping St. Moritz. In Gehweite lockt hier der See, den ein Spazierweg umgibt. Mutige trauen sich sogar zu baden!

49 PONTRESINA

Tor zum Paradies

Pontresina (1805 m) hat Tradition als stilvolles Bergsteigerdorf und Sommerfrische. Einheimische Führer eroberten einst mit ihrer internationalen Klientel die Bernina-Gipfel. Sehenswert sind die Häuser im Engadiner Stil, der alte Burgturm Spaniola oder das freskengeschmückte Kirchlein Santa Maria. Vor allem aber beeindruckt die Landschaft rund um die Berninapassstraße! Jeder, der einmal vom Morteratschgletscher oder von der Diavolezza zum Piz Bernina geschaut hat, ist hin und weg.

TIPP

Zur Alp Languard muss, wer die Landschaft der Bernina komprimiert entdecken will! Per Seilbahn von Punt Muragl hinauf nach Muottas Muragl (2454 m), auf dem Höhenweg in gut zwei Stunden zur Alp Languard und per Sesselbahn hinab.

Der Julierpass verbindet die Täler Oberhalbstein und Engadin.

51 JULIERPASS

Aufstieg ins Engadin

Wunderschöne Landschaft begleitet uns von Tiefencastel im Norden kommend durch das Tal Oberhalbstein vorbei am Marmorera-Stausee. Savognin, Tinizong oder Bivio heißen die hübschen Orte der Gemeinde Surses im Verlauf. Auf der Passhöhe (2284 m) mit kleinem See und einigen römischen Säulen, die man hier bei Ausgrabungen fand, dazu Parkplatz und Kiosk, steht seit 2017 das markante Juliertheater, das aber nur vorübergehend bleiben soll. Schon kurz darauf ist Silvaplana erreicht.

TIPP

Rund um Bivio (1769 m) gibt es ein weitläufiges Wandergebiet. Hier hat man wirklich die Qual der Wahl. Wer unterwegs Halt machen möchte, kann nach der Tour auf dem Stellplatz Tua übernachten (siehe S. 73).

50 OBERENGADINER SEEN

Ein Traum

Das Blau des Himmels und des Wassers, das frische Grün der Wiesen, das Braungrün der bewaldeten Berghänge und darüber hell hervortretend die Felszonen – es geht kaum schöner als an den Oberengadiner Seen! Dazu die liebevoll gepflegten Orte wie Sils (1809 m) mit dem Silsersee, dem größten der Gewässer. Oder Silvaplana, gleich 1815 Meter hoch auf einem Schwemmkegel am benachbarten Silvaplanersee gelegen – und alle mit günstigem Klima gesegnet. Seit 2018 ermöglicht dort ein Tunnel die Ortsumfahrung.

TIPP

Schon Friedrich Nietzsche, der von 1879–1888 fast alle Sommer in Sils im Engadin verlebte, liebte es, einen Spaziergang um die Halbinsel Chastè des Silsersees zu machen. Dort wurde ihm ein Gedenkstein gewidmet, und sein Wohnhaus in Sils Marie ist heute ein kleines Museum.

52 BERNINA-EXPRESS

Der Spektakuläre

Der Bernina-Express von Chur nach Tirano im Veltlin ist für seine atemberaubenden Strecken auf der Albula- und der Berninabahn, beide gehören zum UNESCO-Weltkulturerbe, berühmt. Allein zwischen Thusis und St. Moritz überwindet er 144 Brücken und passiert 42 Tunnel und Galerien, um danach den Berninapass mit Prachtaussicht auf Piz Palü, Piz Bernina und Piz Roseg anzusteuern. Paradebauwerk in den Albula-Bergen ist der Landwasserviadukt bei Filisur. Er führt die aus dem Berg kommende Bahn in einem Bogen über eine tiefe Schlucht direkt zum nächsten schmalen Felstunnel.

TIPP

Gut vier Stunden ist der Bernina-Express auf der Strecke Chur–Tirano, oder umgekehrt, unterwegs. Dabei kann man als Bahnreisender wirklich ununterbrochen die grandiosen Aussichten genießen. Infos bei der Rhätischen Bahn: rhb.ch

Die Seen im Oberengadin suchen wirklich ihresgleichen (oben). Der Bernina-Express auf dem Landwasserviadukt bei Filisur (unten).

Traumhaft schön zeigt sich das Lauterbrunnental.

BERNER ALPEN

Zu den höchsten Gipfeln des Berner Oberlandes

Auch wer nichts mit Bergsteigen am Hut hat, hat schon mal vom berühmten Dreigestirn Eiger, Mönch und Jungfrau im Berner Oberland gehört. Idyllisch und rau, mit schneebedeckten, zum Teil über 4000 Meter hohen Gipfeln. Dazu große Seen, gewaltige Wasserfälle, tiefe Trogtäler und grüne Almen …

Fährt man von Bern Richtung Süden, kommt man bald in die faszinierende Bergwelt des Berner Oberlandes. Dort folgt wahrlich ein Höhepunkt auf den anderen: Thun am Thunersee, von wo aus man ins Oberland aufbricht. Interlaken, das touristische Zentrum zwischen Thuner- und Brienzersee. Das Lauterbrunnental mit dem höchsten freifallenden Wasserfall der Schweiz. Grindelwald mit dem berüchtigten Eiger und der Jungfraubahn mit der höchstgelegenen Eisenbahnstation Europas. Dazu die zahlreichen grandiosen Ansichten, die liebevoll erhaltenen Dörfer und die tollen Passstraßen. Campingplätze gibt es hier reichlich, zudem sehr gut ausgestattet und bewertet. Viele haben zusätzlich Mietunterkünfte im Angebot, sodass es eher schwerfällt, einen schlichten Platz nur zur Übernachtung zu finden.

DIE TOP 5 STELL- UND CAMPINGPLÄTZE DER REGION

1. Stellplatz Zur Kraftquelle
Rain 6
CH-3631 Höfen bei Thun
zurkraftquelle.ch
GPS: 46.718146, 7.560604

2. Stellplatz Stockhornblick
Heiligenschwendistraße
CH-3625 Heiligenschwendi (bei Thun)
heiligenschwendi.ch
GPS: 46.754250, 7.675880

3. Camping Talacker
Rosswaldstraße
CH-3852 Ringgenberg (bei Interlaken)
talacker.ch (keine Womos über 10 m)
GPS: 46.707657, 7.907558

4. Familiencamping Aaregg
Seefeldstraße 22
CH-3855 Brienz
aaregg.ch
GPS: 46.748537, 8.048564

5. Stellplatz Alpenlodge Grimselpass
Grimselstraße 12
CH-3999 Oberwald
grimselpass.ch
GPS: 46.561953, 8.344762

Interlaken ist eine Hochburg des »Adventure Sports« (links). Ein schöner Anblick: die Thuner Altstadt (rechts oben). Spaziergang durch die Brunngasse in Brienz (rechts unten).

53 THUN

Am Eingang zum Oberland

Die Stadt ist das Tor zum Berner Oberland, aber wegen ihrer Lage an der Nordwestspitze des Thunersees selbst ein schönes Ziel. Im alten Ortskern blieben viele historische Bauwerke erhalten. Auf dem kleinen Schlossberg sind die Wahrzeichen Thuns: das mittelalterliche Schloss und die Stadtkirche. Die Thunersee-Region wird wegen ihrer südlich-sonnigen Atmosphäre auch »Riviera des Berner Oberlandes« genannt. Einfach unvergesslich: der Blick gen Süden zu Eiger, Mönch und Jungfrau.

TIPP

Mit der Seilbahn von der Beatenbucht bei Merligen am Thunersee nach Beatenberg hinauf, dann weiter auf das Niederhorn. Von der Gipfelstation leiten markierte Wanderwege in die schöne Umgebung, etwa der Gratweg.

54 INTERLAKEN

Zwischen den Seen

Englische Alpinisten erkoren Interlaken in der Pionierzeit des Bergsteigens zum perfekten Startpunkt für ihre Unternehmungen in der Jungfrauregion. In der Stadt zwischen Thuner- und Brienzersee wurden Pensionen und Hotels gegründet, auch jene palastartigen Grandhotels erbaut, und 1859 wurde der Kursaal mit seinem schönen Garten eröffnet. Als touristische Hochburg bietet Interlaken seinen Gästen schon wegen der Vielzahl an Bahnstrecken jede Menge Ausflugsziele.

TIPP

Von Interlaken aus kann man in rund zweieinhalb Stunden den 1321 Meter hohen Harder Kulm, Interlakens Hausberg, erwandern. Von dort hat man einen wunderbaren Blick auf die Seen und die Berner Alpen.

55 BRIENZ

Das Holzschnitzerdorf

So reizvoll der schweizerische Sommerfrische-Ort am Nordostufer des Brienzersees auch ist, mit dem Wohnmobil in den Ort zu fahren, wäre keine gute Idee, denn manche Gasse ist extrem schmal. Umso schöner lässt es sich dort bummeln, das Dorf mit seinen Sträßchen und Plätzen erkunden und die alten Häuser bewundern, die reich mit Schnitzereien verziert sind. In Brienz, das bekannt für seine Schnitzkunst ist, gibt es schon sehr lange eine spezielle Schule für Holzbildhauerei.

TIPP

Das Freilichtmuseum Ballenberg in Hofstetten bei Brienz zeigt über 100 bäuerliche Originalgebäude aus verschiedenen Kantonen. Seit 2020 gibt es dort auch einen Womo-Stellplatz für Fahrzeuge mit eigenem WC (ballenberg.ch).

Das von Wasserfällen geprägte Lauterbrunnental begrenzen steile Felswände.

56 LAUTERBRUNNENTAL

Von Fall zu Fall

Das Lauterbrunnental ist auf dem Weg nach Grindelwald immer einen Abstecher wert. Hat man die kleine Steigung kurz vor dem Ort überwunden, öffnet sich der Blick auf das ausgeprägte Trogtal: rechts und links steil aufsteigend die hohen Felswände, auf dem flachen weiten Talboden die hübschen Dörfer und ganz hinten wie ein Bollwerk die schneebedeckten Flanken der Fiescherhörner. Was das Tal aber vor allem besonders macht, das sind die gewaltigen Wasserfälle, die sich mal im freien Fall eine Felswand herabstürzen oder auch in Kaskaden durch eine Klamm jagen.

TIPP

Berühmt ist der Staubbachfall, über den Goethe nach seiner Schweiz-Reise ein Gedicht verfasste. Er war beeindruckt von den fast 300 Metern, die das Wasser in die Tiefe stürzt und sich dabei fast in Nebelschleier auflöst. Im Lauterbrunnental brausen aber auch die wilden Trümmelbachfälle eine Schlucht hinab.

57 GRINDELWALD

Zu Füßen des Eigers

Aus aller Welt kommen die Besucher, um die berühmt-berüchtigte Eiger-Nordwand zu sehen oder mit der Jungfraubahn durch den Tunnel im Berg hinauf aufs Jungfraujoch zu fahren. International ist Grindelwalds Ruf als Sommer- und Winterkurort, das gilt auch für die starke alpine wie wintersportliche Szene. Das Eiger-Dorf ist von Interlaken gut per Bahn oder Straße zu erreichen, das Wohnmobil kann tagsüber auf den normalen Parkplätzen stehen. Zahlreiche Bergbahnen erschließen die Umgebung und bieten Wanderern und Skifahrern eine breite Palette an Aktivitäten.

TIPP

Auf der Kleinen Scheidegg steht unterhalb der Eiger-Nordwand das historische Scheidegg-Hotel »Bellevue des Alpes« der Familie von Almen. Die alte Pracht des späten 19. Jahrhunderts im Kontrast mit der düsteren Nordwand macht das besondere Flair aus. Hier hat so mancher Eiger-Bergsteiger genächtigt. Unbedingt mal einkehren!

Grindelwald mit dem markanten Wetterhorn.

Mit den Schweizer Postbussen lassen sich tolle Passfahrten unternehmen, z. B. von Andermatt aus.

In vielen Schleifen führt der Grimselpass in die Höhe.

58 SUSTEN, GRIMSEL UND FURKA

Kurvenreich ins Hochgebirge

Ein echter Klassiker ist die rund 120 Kilometer lange Drei-Pässe-Tour. Diese Rundfahrt von Wassen über den Sustenpass nach Innertkirchen, weiter über die Grimsel nach Gletsch und von dort über den Furkapass zurück ins Reusstal gilt als Traumtour mitten hinein ins Hochgebirge. Im Reusstal liegt unweit des Gotthardtunnel-Nordportals das Dorf Wassen, bekannt auch für die vielen Schleifen, die die Eisenbahn dort auf ihrem Weg bergauf drehen muss. Der Sustenpass hat zahlreiche Tunnel und Brücken und dient vor allem der Autotouristik. Die Steigungen sind mäßig, die Straße ist breit, mit Parkplätzen an besonders schönen Stellen. Erste Wegpassagen sind die Schlucht der Meienreuss und das liebliche Meiental. An der Passhöhe (2224 m), die ein Tunnel unterführt, fängt das Sustenhorn den Blick. Dort könnte man eine ruhige Nacht auf dem ParkandSleep-Stellplatz am Berggasthaus Sustenpass Hospiz verbringen. Die Talfahrt ermöglicht nochmals ganz besonders tolle Aussichten. Vorbei an Steingletscher und Steinsee sowie dem Weiler Obermad, kommt man nach Wyler und weiter nach Innertkirchen. Dort gilt es, den schon seit 1397 bekannten Grimselpass ins Visier zu nehmen, der wunderbare Aussicht auf das Aarmassiv ermöglicht. Dazu folgt man der Grimselstraße ins reizvolle Haslital. Die Fahrstrecke bis auf die höchste Stelle ist mit Straßentunnels gut ausgebaut. Stationen unterwegs sind das Dörfchen Guttannen, auch als »Strahlerdorf« (Kristallsucher) bekannt, und vor allem die Staumauer des Grimselsees. Am »neuen« Hospiz von 1932, damals das erste elektrisch beheizbare Gebäude in Europa, ist der Blick über den See und zum Finsteraarhorn gigantisch. Danach geht es weiter zur Passhöhe (2164 m) mit dem oft eisbedeckten Totensee. Hier oben kann man auf einem Stellplatz die Nacht verbringen, bevor man dann auf der Südseite in baumlos hochalpiner Landschaft hinab nach Gletsch fährt. Dort warten der Blick auf Rhônegletscher und Furkapass. Serpentinen en masse und viele Haarnadelkurven prägen diese steilste und höchstgelegene der drei Passstraßen. An der Passhöhe (2429 m) unbedingt hinüber zur Aussicht Schönblick gehen, die ihren Namen zu Füßen des Rhônegletschers nicht umsonst trägt. Anschließend beginnt die Fahrt zurück ins Tal. Im Weiler Tiefenbach könnte man noch einmal einkehren, bevor etliche Kehren hinab ins Urserental führen. Von dort zurück ins Reusstal bei Andermatt.

GENUG ZEIT UND EIN WENIG ERFAHRUNG BEIM PASSFAHREN GEHÖREN SCHON DAZU, UM DIE TOUR RICHTIG GENIEßEN ZU KÖNNEN.

TIPP

In umwerfender Lage auf der Passhöhe nächtigen: Die Alpenlodge Grimselpass verfügt über einen geschotterten Platz mit umfassender Infrastruktur (siehe S. 79). Sehr einfach, aber günstig übernachtet man selbst mit großen Wohnmobilen auf dem Parkplatz am Hotel-Restaurant Alpenrösli, inklusive einer tollen Aussicht (grimselpass.com).

Das Lötschental ist in jedem Fall einen Abzweig wert.

GENFERSEE UND RHÔNETAL

Zwischen mild und hochalpin

Im Westen der Schweiz, nahe der Grenze zu Frankreich, kann man einen Bogen schlagen vom mondänen Genfersee Richtung Osten über das Rhônetal hinein in die markanten Seitentäler, die vom Flusstal abzweigen, bis hinauf in die interessanten Gebirgsregionen.

Die wunderschönen Seitentäler des Rhônetals führen auf diesem Flussabschnitt zum Teil in Richtung Norden, vor allem aber nach Süden, mitten hinein in die höher gelegenen alpinen Landschaften, die dort als besondere Ziele warten. Darunter der höchste und wohl bekannteste Gipfel der Alpen, der Mont Blanc. So hat man bei einer Fahrt durch das Walliser Rhônetal die Qual der Wahl, welches der verlockenden Seitentäler man denn befahren möchte. Landschaftlich trifft sich dabei die mediterrane Milde des Genfersees mit seinen warmen Sonnenhängen, an denen noch Wein wächst, mit dem Wallis, in dem auch Früchte produziert werden, das aber eine Menge richtig hoher vergletscherter Berge hat. So zeigt sich also auch in diesem relativ kleinen Teil der Schweiz die Vielfalt und Gegensätzlichkeit, und die macht eben den speziellen Reiz aus.

DIE TOP 5 STELL- UND CAMPINGPLÄTZE DER REGION

1. Camping Les Horizons Bleus
Rue du Quai 11
CH-1844 Villeneuve
camping-club-vaudois.ch (keine Womos über 8 m)
GPS: 46.395308, 6.920938

2. Camping des Glaciers
Route de Tsamodet 36
CH-1944 La Fouly
camping-glaciers.ch
GPS: 45.933671, 7.095191

3. Stellplatz in Saint-Léonard
Rue des Rocailles
CH-1958 Saint-Léonard
st-leonard.ch
GPS: 46.255720, 7.426091

4. Camping Attermenzen
Attermenzen 55
CH-3928 Randa
campingranda.ch
GPS: 46.085536, 7.781423

5. Camping Am Kapellenweg
CH-3910 Saas Grund
kapellenweg.ch
GPS: 46.116117, 7.938056

59 LAUSANNE

Stadt des Sports

Wälder, Berge und Weinreben umgeben die Stadt mit internationalem Flair am Nordufer des Genfersees. Die Hauptstadt des Kantons Waadt beheimatet nicht nur sehenswerte Schlösser, Burgen und alte Häuser, sondern auch die meisten Sportweltverbände, wie zum Beispiel den Hauptsitz des Internationalen Olympischen Komitees IOC. Direkt gegenüber liegt der Camping de Vidy, der einige der wenigen für Wohnmobile geeigneten Parkplätze anbietet.

TIPP

Der große Camping de Vidy liegt im Westen zwischen Autobahn und Genfersee, wenige Kilometer vom Zentrum entfernt. Mit Bademöglichkeit, Stellplätzen und Versorgungsstation vor der Schranke (campinglausannevidy.ch).

60 MONTREUX

Ein altes Winzerdorf

Das jährliche Jazz-Festival ist nur ein Grund, um den stilvollen Kur- und Urlaubsort am Genfersee zu besuchen. Die Stadt mit den prachtvollen alten Hotelbauten punktet mit landschaftlicher Vielfalt und mildem Klima zu Füßen der Savoyer Alpen. Schloss Chillon, die Altstadt mit der Markthalle oder auch die Uferpromenade sind besondere Highlights. Und hübsche Winzerdörfchen locken zu einem Ausflug ins Umland.

TIPP

Ob von Lausanne oder Montreux: Machen Sie eine Schifffahrt auf dem Genfersee. Von ein- und zweistündigen Fahrten bis zu Ganztagestouren ist vieles möglich, u. a. bei der Compagnie Générale de Navigation (cgn.ch).

Von Lausanne eröffnet sich der Blick über den Genfersee zu den nahen Bergen (links). Die Altstadt von Vevey: Hier lohnt sich ein Abstecher, insbesondere in Verbindung mit einem Besuch von Montreux (rechts).

61 RHÔNE

Zufluss zum Genfersee

Bei Villeneuve fließt die Rhône von Süden kommend als wichtigster Zufluss dem Genfersee zu, beschreibt einen weiten Halbkreis und verlässt den See danach wieder Richtung Süden. Der drittlängste Fluss der Schweiz entspringt am Rhônegletscher in den Berner Alpen. Rund 500 ihrer 812 Kilometer verbringt die Rhône aber in Frankreich, um nordwestlich von Marseille in der Camargue ins Mittelmeer zu münden.

TIPP

Die Rhône lässt sich wunderbar mit dem Wohnmobil begleiten. Vom Hochgebirge bis ans Meer, vorbei an interessanten Städten und Landschaften: Bleibt man nah am Fluss, ist es in einer Woche zu schaffen.

62 LA THOMASIA

Der Alpengarten

Am Eingang des Tals von Pont de Nant liegt der Jardin botanique alpin La Thomasia. Er wurde bereits im Jahr 1891 von der Familie Thomas gegründet und ist ein wissenschaftlicher Alpengarten auf 1260 Metern Höhe unterhalb des Grand Muveran. Gewidmet ist er dem Schutz der weltweiten Bergpflanzen, von denen hier knapp 3000 wachsen. Der Alpengarten liegt in Les Plans-sur-Bex und ist von Mai bis Oktober täglich geöffnet.

TIPP

Von Bex aus fährt man nicht lang mit dem Auto bzw. dem ÖPNV nach Les Plans-sur-Bex, von dort braucht man etwa eine halbe Stunde zu Fuß zum Alpengarten. Hunde dürfen leider nicht mit in die Anlage (www.botanique.vd.ch).

Beeindruckende Gipfelszenerie im Lötschental.

Viele individuelle Plätze bietet der Camping des Glaciers in La Fouly.

63 RHÔNE-SEITENTÄLER

Zwischen Rhôneknie und Visp

Es ist zwar nur ein verhältnismäßig kurzes Stück des Rhônetals, doch gibt es zwischen dem sogenannten Rhôneknie und Visp viele verlockende Seitentäler, und jedes Mal offenbart sich eine neue Welt. Startet man diese Touren im Westen am nahen Rhône-Knick und biegt nach Südwesten ab, gelangt man über die Pässe Col de la Forclaz und Col des Montets in Richtung Chamonix, dem berühmten Bergsteigerdorf am Fuße des Mont Blanc. Nimmt man dagegen die südliche Direktion, kommt man – vorbei an Orsières – ins wunderschöne Val Ferret und zuletzt in den kleinen Ort La Fouly (siehe Tipp). Auch in Sion zweigt ein Tal nach Süden ab, das sich bald darauf teilt: So geht es entweder durch das malerische und noch recht ursprüngliche Val d'Hérens mit den Bilderbuchdörfern Evolène und Les Haudères, während am Ende des Val d'Hérémence ein Highlight für Technikfans wartet: die Staumauer Grande Dixence. Viel zu sehen gibt es auch, wenn man vom Rhônetal zum Beispiel in Susten Richtung Norden einbiegt, um das von Rebhängen umgebene und von historischen Gemäuern geprägte Leuk kennenzulernen. Noch ein Stückchen weiter Richtung Talschluss findet man den bekannten Kurort Leukerbad, ein traditionsreiches Thermalbad, eingebettet in grüne Wiesen und umsäumt von gewaltigen Felswänden. Zurück im Rhônetal, könnte man wenig später wiederum Richtung Norden abzweigen, diesmal ins Lötschental. Dort wird man von einem Stück ursprünglichem Wallis empfangen, mit Dörfern in alter Walliser Bauweise, Häusern aus von der Sonne gedunkeltem Holz mit üppigem Blumenschmuck, aber auch von etwas Neuzeitlichem: dem Tunnel durch den Lötschberg. Nochmals zurück an der Rhône, geht es nun vorbei an Raron mit seinen stattlichen Häusern weiter nach Visp. Hier sollte man nach Süden abbiegen, denn so gelangt man ins Mattertal und Richtung Zermatt mit dem vielleicht schönsten aller Berge, dem Matterhorn. Besonders reizvoll ist aber auch zuvor der Abzweig ins Saastal mit dem beliebten Ferienort Saas-Fee, der zu Füßen vergletscherter Viertausender in einem selten prachtvollen Talschluss liegt!

EINEM FLUSSTAL ZU FOLGEN, HAT SEINEN BESONDEREN REIZ: DIE RICHTUNG IST VORGEGEBEN, UND DOCH GIBT ES VIELE MÖGLICHKEITEN, NACH RECHTS UND LINKS »AUSZUBRECHEN«.

TIPP

In Visp ist der Camping Mühleye direkt am Familien-Freibad zu empfehlen (camping-visp.ch). In La Fouly liegt in beeindruckender Lage am Fuße des Mont Blanc der Camping des Glaciers. Der in rund 1600 Metern Höhe terrassenartig angelegte Platz gilt als der schönste Berg-Campingplatz der Schweiz und ist Station der großen Bergwanderung der Mont-Blanc-Umrundung (siehe S. 87).

Das weltbekannte Horn von Zermatt. Die Gornergratbahn fährt zu einer unübertroffenen Aussichtsstelle (links). Erkennungszeichen von Sion sind die beiden Burgen (rechts oben). Im Saaser Museum (rechts unten).

64 SION (SITTEN)

Auf historischem Boden

Im schönen Rhônetal liegt auch die geschichtsträchtige Hauptstadt des Wallis. Zwei imposante Burghügel bestimmen die Silhouette des Ortes: Valeria und Tourbillon. In Sion (Sitten) blieben besonders viele kulturhistorische Zeugnisse erhalten. Beim Bummel durch die Altstadt sollte man den sehenswerten Kirchen, dem Place de la Planta und dem Rathaus einen Besuch abstatten, zumal alles schön nah beieinander liegt.

TIPP

Der Stellplatz in Saint-Léonard, in der Nähe von Sion, bietet Platz für sechs Fahrzeuge. Man steht eng, aber direkt im Ort und recht preiswert. Mit Ver- und Entsorgung des Camping-WC sowie Toiletten (siehe S. 87).

65 ZERMATT

Zum Matterhornblick

Am Kreisverkehr in Visp kann man das Rhônetal Richtung Zermatt und Matterhorn, dem 4478 Meter hohen Traumberg, verlassen. Spätestens in Täsch im Mattertal muss man das Wohnmobil abstellen (siehe Tipp) und per Zug oder Taxi weiter, denn Zermatt ist autofrei. Wer dann noch näher heran will ans wunderschöne Horn, könnte zur berühmten Hörnlihütte am Berggrat aufsteigen. Für den besten Blick nimmt man die Bahn hinauf zum Gornergrat.

TIPP

Camping Attermenzen ist ein großer Platz in Randa kurz vor Täsch (siehe S. 87). Camping Alphubel am südlichen Ende von Täsch bietet 100 Stellflächen – noch näher ran ans berühmte Horn geht es nicht (campingtaesch.ch).

66 SAAS-FEE

Sahnestück im Saastal

In den Walliser Alpen liegt auch das bekannte Hochgebirgsdorf Saas-Fee (1790 m), zu Füßen der schneebedeckten Mischabelgruppe, die einen beeindruckenden Talschluss bildet. Saas-Fee, das sich selbst »Perle der Alpen« nennt, ist autofrei, am Dorfeingang stehen Parkplätze bereit. Wem ein Strom- und Wasseranschluss reicht, der kann auf dem Parkplatz P4 auch campen. Rundum erschließen mehrere Bergbahnen die alpine Welt, im Sommer wie im Winter.

TIPP

Mit der Bergbahn auf den Hannig! Wer viel Zeit hat, nimmt den Gemsweg zum Plattjen, oder man bleibt im Bereich des Hannigs. Ziel eines Ausflugs könnte auch der Mattmark-Stausee sein.

Andermatt liegt in einem weiten Hochtal. Weltbekannt ist die nahe Teufelsbrücke über die Schöllenenschlucht.

GRAUBÜNDEN

Von Bergen, Tälern und Flüssen geformt

Hier findet man die perfekte Szenerie für einen herzerwärmenden Heimatfilm, ist Graubünden doch das Land der imposanten Berge, der romantischen Täler, der Flüsse und Bäche, der glasklaren Seen. Vom stillen Bergdorf bis zum eleganten Wintersportort wartet der Südosten der Schweiz mit großer Vielfalt auf.

Graubünden ist der größte Kanton der Schweiz. Zwischen Maienfeld im Norden, nahe der Liechtensteiner Grenze, und Poschiavo im Süden, unweit der italienischen Grenze, erstreckt sich das Gebirgsland, das man auch das Land der 150 Täler nennt. Drum herum die beeindruckende Bergwelt mit ihren mehr als 900 Gipfeln. Hier kann man im Sommer in aller Stille oder mit vielen anderen die Berge besteigen, die Täler erwandern, mit dem Mountainbike losziehen oder zum Golfen gehen. Abgeschiedene Bergdörfer stehen neben internationalen Touristenorten wie Davos oder St. Moritz für das weite Spektrum Graubündens. Deutsch, Italienisch und Rätoromanisch wird hier gesprochen, mit eigener Kultur und Lebensart, auch in Küche und Keller. Und es ist das Land der Pässe – egal wohin man will, als Wohnmobilist muss man schon genauer hinschauen, welchen man sich zutraut.

DIE TOP 5 STELL- UND CAMPINGPLÄTZE DER REGION

1. Camp Au Chur
Felsenaustraße 61
CH-7000 Chur
camping-chur.ch
GPS: 46.861969, 9.507314

2. Waldcamping Landquart
Ganda 21
CH-7302 Landquart
waldcamping.ch
GPS: 46.970735, 9.593826

3. TCS Camping Thusis-Viamala
Pantunweg 3
CH-7430 Thusis
tcs.ch
GPS: 46.699656, 9.445218

4. Camping Trun
Via Campadi 2
CH-7166 Trun
camping-trun.ch
GPS: 46.741089, 8.994234

5. RinerLodge Camping
Landwasserstraße 64
CH-7277 Davos Glaris
davosklostersmountains.ch
GPS: 46.744058, 9.779192

Die Straße durch die Viamala ist ein verkehrstechnisches Meisterwerk.

67 CHUR

Lebendige alte Stadt

Die Hauptstadt des Kantons Graubünden mit der Kathedrale St. Mariä Himmelfahrt gilt wegen ihrer über 5000-jährigen Siedlungsgeschichte als die älteste Stadt der Schweiz, obwohl Chur sich heute als Universitätsstadt quicklebendig zeigt. Schön ist ein Bummel durch die Altstadt, mit sehenswerten Häusern wie dem Alten Gebäu, stellvertretend für die Bündner Herrenhäuser des 18. Jahrhunderts, dem alten gotischen Rathaus und dem Bischöflichen Schloss. Mit dem Anbaugebiet nördlich von Chur in der sogenannten Bündner Herrschaft beschäftigt sich das Weinbaumuseum.

TIPP

Auf dem Platz Camp Au Chur an der Mündung der Plessur in den Rhein gibt es auch Stellflächen vor der Schranke bzw. für Kurzurlaube. Gleiches gilt für den auf rund 550 Meter liegenden Waldcamping Landquart, etwas nördlich von Chur, der zudem mit einem Swimmingpool und Mietunterkünften punktet (beide siehe s. 95).

68 DOMLESCHG

Von Burg zu Burg

Ein Burgen-Hopping der besonderen Art kann man oberhalb des Hinterrheins zwischen Rothenbrunnen und Thusis unternehmen: Rund 20 Schlösser, Burgen und Ruinen stehen hier auf einer Strecke von nur zehn Kilometern! Meist muss der Blick von außen reichen, doch sind sie auch als landschaftsprägende Bauwerke eindrucksvoll. Dabei lässt man besser mal das Auto stehen und geht mit guter Karte zu Fuß los: zum Schloss in Rhäzüns, zur kleinen Kirche Sogn Gieri, zum Schloss Ortenstein, den Burgruinen Hoch- und Innerjuvalt usw. Ja, und auch Thusis ist einen Besuch wert.

TIPP

Kurz hinter dem Ort Thusis liegt die berühmte Viamala, »der böse Weg«, eine tief eingeschnittene Felspassage, die dem Wegebau lange Zeit Probleme bereitete – am Hinterrhein ist sie eine der größten Natursehenswürdigkeiten! Stop & Go-Stellflächen findet man beim TCS Camping Thusis Viamala. (siehe S. 95).

Chur als älteste Stadt der Schweiz sollte man in aller Ruhe zu Fuß erkunden.

Strukturreich und lieblich zeigt sich das Tal des Vorderrheins.

69 SURSELVA

Zum Grand Canyon der Schweiz

Surselva lautet der rätoromanische Name für die Landschaft am Vorderrhein zwischen dem Oberalppass und dem Zusammenschluss mit dem Hinterrhein bei Chur. Und er steht für das Bündner Oberland mit den Orten Disentis/Mustér, Vals oder Laax, dem Safiental, dem Val Medel oder Flims, dem »Tor zur Surselva«. Die Attraktion der Surselva ist die gewaltige »Ruinaulta«, der Grand Canyon der Schweiz. Wo in der Späteiszeit der größte Felssturz Europas, der Flimser Bergsturz, das Tal am Eingang zur Surselva auf 20 Kilometern bis zu 800 Meter hoch mit Geröll bedeckte, musste sich der Vorderrhein seinen Weg erkämpfen und formte dort durch Erosion bizarre Felsformationen. Wälder bedecken heute die Hügel am einstigen Bergsturz. Die »Ruinaulta« lässt sich von der Rhätischen Bahn oder aber als Kajakfahrer vom Fluss aus besonders gut betrachten.

TIPP

Camping Trun liegt wenige Kilometer östlich von Disentis, direkt am Vorderrhein, der zum Baden einlädt (siehe S. 95). Camping Flims ist oberhalb des Tales auf 1100 Meter gelegen. Nur für Womos bis 7,5 Meter empfohlen, es gibt auch Stellflächen vor der Schranke (camping-flims.ch).

70 DAVOS

Vom Luftkurort zur globalen Alpenmetropole

In einem Hochtal auf gut 1500 Metern, umgeben von schneebedeckten Bergen, liegt Davos. Der weltbekannte Ferien- und Höhenluftkurort entwickelte sich im 19. Jahrhundert von einem kleinen Walserdorf zu einem der führenden Kurorte für Lungenkranke, dessen Hochzeit um die vorige Jahrhundertwende lag, mit jeder Menge Sanatorien und illustren Patienten aus aller Welt. Zugleich konnte sich Davos aber auch als ein herausragender Wintersportort mit mondänem Flair einen Namen machen. Die Alpen-Weltstadt nennt unter anderem Europas größte Natureisbahn für Sportprofis wie Amateure auf Schlittschuhen ihr Eigen. Sehenswert ist auch das benachbarte Eisstadion des HC Davos, der zu den besten Clubs des Landes zählt und in der Schweiz Rekordmeister ist. Längst ist aus dem früheren Davos-Dorf und Davos Platz eine Stadt geworden. Das Heimatmuseum im Alten Pfrundhaus gibt Einblicke in die Geschichte.

TIPP

In Davos Glaris, auf über 1400 m Höhe, kann man beim RinerLodge Camping das Womo auch vor der Schranke abstellen und hat die Bergbahn und den kleinen Bahnhof gleich vis-à-vis, zum Wandern und Biken ideal (siehe S. 95).

In Davos Glaris, wenige Kilometer südlich von Davos, lässt sich in aller Ruhe übernachten, um dann die Stadt zu erkunden.

Das markante Gipfelkreuz auf der Zugspitze – höher hinaus geht es in Deutschland nicht.

AN LOISACH, ISAR UND INN

Ein grenzüberschreitendes Gesamterlebnis

In der deutsch-österreichischen Grenzregion zwischen Wetterstein und Karwendel gibt es viele besondere Höhepunkte, auf dem Weg von Deutschlands höchstem Berg, der Zugspitze, bis nach Innsbruck, der »Schatzkammer der Ostalpen«. Dazu ein Abstecher zum reizvollen Walchensee.

Die Zugspitze bei Garmisch-Partenkirchen im schönen Werdenfelser Land, die Geigenbauerstadt Mittenwald im oberen Isartal oder Innsbruck am Inn mit dem Goldenen Dachl, dem Prunkerker am Alten Stadtplatz, sind den meisten ein Begriff. Zwischen beeindruckender Bergnatur, virtuosem Handwerk oder historischer Altstadt voller kostbarer Sehenswürdigkeiten lohnt es sich, noch mehr zu entdecken rechts und links von Loisach, Isar und Inn. Dazu muss man kein Bergsteiger sein, denn in Garmisch-Partenkirchen kann man ebenso im Tal herrlich wandern, Mittenwald mit richtig alten Lüftlmalereien lädt zum Spaziergang ein, und Tirols Hauptstadt Innsbruck lässt sich bei einer Seilbahnfahrt auf einen Aussichtsberg mühelos von oben genießen!

DIE TOP 5 STELL- UND CAMPINGPLÄTZE DER REGION

1. Stellplatz Wankbahn
Wankbahnstraße 2
D-82467 Garmisch-Partenkirchen
zugspitze.de
GPS: 47.503947, 11.106683

2. Camping Resort Zugspitze
Griesener Straße 9
D-82491 Grainau
perfect-camping.de
GPS: 47.477447, 11.052033

3. Alpen-Caravanpark Tennsee
Am Tennsee 1
D-82494 Krün
camping-tennsee.de
GPS: 47.490552, 11.255841

4. Stellplatz Karwendel
Albert-Schott-Straße 35
D-82481 Mittenwald
karwendelstellplatz.de
GPS: 47.437568, 11.264120

5. Camping Kranebitterhof
Kranebitter Allee 216
A-6020 Innsbruck
kranebitterhof.at
GPS: 47.263883, 11.325937

Oberhalb der neuen Skisprunganlage von Garmisch-Partenkirchen baut sich die pyramidenförmige Alpspitze auf.

71 GARMISCH-PARTENKIRCHEN

Sportlicher Doppelort

Zu Füßen des Wettersteinmassivs hat Garmisch-Partenkirchen mit Deutschlands höchstem Gipfel einen echten Trumpf in der Hand. Die Olympiastadt von 1936, in einer idyllischen Ausweitung des Loisachtals gelegen, ist auch bekannt für die legendäre Kandahar-Skiabfahrt oder die Große Olympiaschanze, dem Wahrzeichen des Ortes. Mit der Partnach- und der Höllentalklamm kann man zudem in zwei urgewaltige Schluchten eintauchen, dazu schöne Aussichtsberge besteigen oder mit den Seilbahnen in die Gipfelwelt hinaufschweben.

TIPP

Der große Womo-Stellplatz an der Talstation der Wankbahn bietet eine Menge. Neben der Versorgung mit Gas, Wasser und Strom gibt es u. a. auch Sanitäreinrichtungen und einen Brötchenservice (siehe S. 103).

72 ZUGSPITZE

Ein echter Höhepunkt

Fast wäre sie ein Dreitausender geworden. Aber auch so wollen wohl alle einmal auf die Zugspitze, den mit 2962 Metern höchsten Berg Deutschlands. Das geht per Zahnradbahn oder mit der Seilbahn – von Grainau oder jenseits der Grenze in Ehrwald-Obermoos. Sie ist nun mal eine Verlockung, mit fantastischer Fernsicht, die vom Bayerischen Wald über die Berchtesgadener Alpen und die Hohen Tauern bis zu den Ötztaler Alpen und im Westen bis in die Schweiz reicht. Spektakulär ist die Ende 2017 eröffnete neue Großkabinenseilbahn vom Eibsee hinauf zum Gipfel. Dort wartet eine perfekte Infrastruktur. Sogar einen Briefkasten gibt es auf dem touristisch erschlossenen Berg.

TIPP

Für Freunde des Komfort-Campings gibt es in Grainau eine neue Adresse: Camping Resort Zugspitze (siehe S. 103). In Grainau (Griesener Straße 2) liegt auch das Camping Erlebnis Zugspitze, davor Stellflächen für etliche Wohnmobile!

Im alten Dorfkern von Partenkirchen stehen einige stattliche Bürger- und Handelshäuser.

Gebirgsidyll auf dem Platz am Tennsee (links). Am Nordrand des Karwendels wurde die Isar zum Sylvensteinsee aufgestaut (rechts oben). In Innsbruck lohnt sich eine ausgiebige Erkundungstour (rechts unten).

73 MITTENWALD

Mekka des Geigenbaus

Zwischen Karwendel- und Wettersteingebirge hat sich Mittenwald einen herrlichen Platz im Tal der oberen Isar ausgesucht. Der 920 Meter hoch gelegene Luftkurort ist weltbekannt für seine große Kunst im Handwerk des Geigenbaus, die auch in der Geigenbauschule am Leben gehalten wird. Schon seit 1930 gibt es im Ort ein Geigenbaumuseum (Ballenhausgasse 3). Typisch für Mittenwald ist auch die sogenannte Lüftlmalerei, die die Häuserfassaden aufwendig verziert.

TIPP

In Krün, zwischen Garmisch und Mittenwald, liegt in ruhiger Lage direkt an einem kleinen See der Alpen-Caravanpark Tennsee. Und auch in Mittenwald, kurz vor dem Bahnhof, gibt es einen Wohnmobil-Stellplatz (beide siehe S. 103).

74 KARWENDEL

Herbe Schönheit, die beeindruckt

Das Karwendel ist ein Gebirge, das gerade durch den Kontrast von sanft ansteigenden, bewaldeten Hängen und wirklich schroffen Gipfeln neben alpinen Bergsteigern auch Wanderer und Mountainbikefahrer beeindruckt. Man sollte sich bei guter Sicht einen Tag Zeit nehmen und den Gebirgszug in dieser Reihenfolge umrunden: Wallgau – Vorderriss – Hinterriss (mit Großem Ahornboden) – Sylvensteinspeicher – Achensee – Zirl – Seefeld – Scharnitz – Mittenwald.

TIPP

Im Süden des Karwendels, auf dem Weg nach Innsbruck, aber noch in ruhiger Lage vor den Toren der Stadt, liegt der ganzjährig geöffnete Camping Kranebitterhof mit rund 70 Touristenplätzen und weiteren Mietunterkünften (S. 103).

75 INNSBRUCK

Schatzkästchen Tirols

Im Inntal liegt die Hauptstadt Tirols, überragt von der Nordkette des Karwendels. Mittelpunkt von Fremdenverkehr und kulturellem Leben, alte Dom- und Universitätsstadt, voll von kunsthistorischen Sehenswürdigkeiten: die prächtige Maria-Theresien-Straße, das berühmte Goldene Dachl, die Hofburg oder der Hofgarten. Zweimal waren hier die Olympischen Winterspiele. Viel zu sehen gibt es bei einer Fahrt mit der Hungerburgseilbahn über den Inn zur Hungerburg.

TIPP

Die auch von der Vierschanzentournee bekannte Skisprungschanze auf dem Bergisel im Süden der Stadt sollte sich jeder ansehen! Per Schrägaufzug und Turmlift geht's hinauf zum Restaurant »Bergisel SKY« und zur Aussichtsterrasse (bergisel.at).

Ein Höhepunkt in den Allgäuer Alpen ist die traditionelle Viehscheid, wie hier im Tannheimer Tal.

Allgäuer Alpen

Urlaubsparadies im Süden Deutschlands

Die Allgäuer Alpen sind berühmt für guten Käse und leckere Milch. Und für eine touristische Infrastruktur erster Klasse. Zwischen Oberstaufen und Füssen warten in einer einzigartig schönen Gebirgslandschaft hoch über den reizvollen Tälern und heimeligen Orten Pfade zwischen Himmel und Erde.

Hohe Berge, bisweilen grasbewachsen bis zu den Gipfeln. Dazu sattgrüne Täler, glasklare Seen und blühende Alpwiesen, auf denen das Milchvieh zu Füßen steiler Felsgipfel weidet. Die Allgäuer Alpen haben ein besonderes Charisma. Und sind wie geschaffen zum Wandern, Radfahren, Mountainbiken, Bergsteigen oder Skifahren – im Tal, in mittleren Lagen oder weit oben. Wer hoch hinaus will im Urlaub, bekommt sehnsuchtsvolle Augen, wenn er vom Heilbronner Weg oder vom Mindelheimer Klettersteig hört, von der Mädelegabel (2645 m) oder der Höfats (2259 m). Oberstaufen, Immenstadt, Sonthofen oder Pfronten: Die Liste der bekannten Orte am Fuße der Berge ist lang, und sicher sticht Oberstdorf heraus. Die schönste Querverbindung ist die Deutsche Alpenstraße von Lindau nach Füssen, dorthin, wo die Märchenschlösser stehen!

Die Top 5 Stell- und Campingplätze der Region

1. rubi-camp
Rubinger Straße 34
D-87561 Oberstdorf
rubi-camp.de
GPS: 47.423765, 10.278378

2. Camping Vorderboden
Vorderboden 1
A-6993 Mittelberg
camping-vorderboden.at
GPS: 47.312144, 10.133835

3. Camping Hopfensee
Fischerbichel 17
D-87629 Füssen
camping-hopfensee.de
GPS: 47.602105, 10.683175

4. Wohnmobilstellplatz Wiesengrund
Ostrachstraße 23
D-87541 Bad Hindelang
wohnmobil-stellplatz-hindelang.de
GPS: 47.499728, 10.372211

5. Comfortcamp Grän
Engetalstraße 13
A-6673 Grän
comfortcamp.eu (keine Wohnmobile über 8,5 m)
GPS: 47.510111, 10.555594

Am Ortsrand von Oberstdorf liegt der Platz von rubi-camp mit Blick auf die Allgäuer Bergwelt.

76 OBERSTDORF

Südlichster Zipfel

Im oberen Illertal, wo Trettach, Stillach und Breitach sich vereinen, liegt Oberstdorf (813 m). Rundum von eindrucksvollen Bergen umgeben, zu Füßen des Allgäuer Hauptkamms, der die Grenze zu Österreich markiert, ist es Wintersportplatz von Weltrang, Touristenhochburg und Kurort. Überall bekannt durch die Vierschanzentournee, lohnt ein Besuch der Skisprungarena zu allen Jahreszeiten. Hausberg ist das 2224 Meter hohe Nebelhorn. Bergbahnen erschließen die Wander- und Skigebiete, Trettach-, Stillach- und Nachbartäler laden wie auch die tosende Breitachklamm zur Erkundung ein.

TIPP

Eine Fahrt mit der Nebelhornbahn sollte man sich nicht entgehen lassen. Neben einem Besuch im Gipfelrestaurant lohnt sich der kurze, aber spannende »Nordwandsteig«, auf dem der Gipfel barrierefrei umrundet werden kann. Im Ort gibt es an der Hermann-von-Barth-Straße einen Stellplatz und in der Rubinger Straße zwei Campingplätze (siehe S. 109).

77 KLEINWALSERTAL

Eng verbunden

Das 13 Kilometer lange Seitental im Nordosten Vorarlbergs ist nur von Deutschland aus zu erreichen und seit 1891 durch Zoll- und Währungsunion verbunden. Im schönen Hochtal der Breitach bilden die vier Dörfer Baad, Mittelberg, Hirschegg und Riezlern die über 1200 Meter hoch liegende Gemeinde Mittelberg. Es waren einst die Walser, die das Tal besiedelten, und noch heute zeugen einige Häuser in ihrer ursprünglichen Form davon. Herrliche Wander- und sehr schneesichere Wintersportgebiete lassen sich per Bergbahnen erreichen. Aber auch im Tal und auf »halber Höhe« gibt es reizvolle Wanderziele.

TIPP

Im Tal gibt es mehrere Campingplätze. Am Talende, etwa einen Kilometer außerhalb von Mittelberg, liegt in sehr ruhiger Lage auf 1250 Metern Camping Vorderboden (siehe S. 109). Wer im Winter kommen will, steht bei Alpencamping Haller auch dann richtig (camping-haller.at).

Der Einfluss der Walser ist im Kleinwalsertal überall noch erkennbar.

Die Deutsche Alpenstraße
führt zu interessanten Zielen.

In Lindau am Bodensee startet bzw. endet die Deutsche Alpenstraße.

78 DEUTSCHE ALPENSTRASSE Quer durch

Wenn man sich die bayerischen Alpen einmal hintereinanderweg in einem Zug ansehen möchte, dann ist die Deutsche Alpenstraße wie geschaffen dafür. Nicht etwa, weil man mal eben daran vorbeirauscht. Die 484 Kilometer lange Wegstrecke vom Bodensee bis hinüber zum Königssee, für die man vier bis fünf Tage einplanen sollte, steuert unterwegs möglichst viele sehenswerte Stellen an. Allein 25 Burgen, Klöster und Schlösser liegen entlang der Tour, die durch ein spezielles Routenschild markiert ist. Und überall eröffnen sich faszinierende Blicke über das Voralpenland oder hinüber zur Silhouette der Gipfel an der Alpennordseite. Zwischen Lindenberg und Scheidegg etwa kann man weit unten den gesamten Bodensee vor sich ausgebreitet sehen.

Erste Bauarbeiten begannen bereits in den 1930er-Jahren, doch es sollte noch bis 1960 dauern, bis die damals über zumeist einspurige Landstraßen führende Queralpenstraße fertiggestellt war. Dabei passiert sie unter anderem die Allgäuer und die Ammergauer Alpen, das Wettersteinmassiv, die Chiemgauer und die Berchtesgadener Alpen. Fährt man also von Westen nach Osten, kommt man, ohne Deutschland einmal zu verlassen, quer durch das deutsche Alpenland. Lindau, Sonthofen, Garmisch-Partenkirchen, Rottach-Egern, Reit im Winkl und Berchtesgaden sind nur einige wenige der überaus reizvollen Stationen. In Sonthofen, Deutschlands südlichster Stadt, sollte man unbedingt einen Abstecher einlegen, um Oberstdorf im Herzen der Allgäuer Berge und zugleich südlichster Zipfel unseres Landes zu besuchen, oder das Kleinwalsertal kennenzulernen.

Auf der Deutschen Alpenstraße müssen unterwegs mehrere Passstraßen befahren werden, die zwar nicht besonders hoch hinaufführen, aber dennoch nicht unterschätzt werden sollten. Womo-Stellplätze gibt es wirklich ausreichend, unter anderem in Scheidegg, Immenstadt und Blaichach, am Oberjochpass, in Pfronten, Füssen, Garmisch-Partenkirchen und Bad Tölz, in Lenggries, Bayrischzell, Reit im Winkl und Berchtesgaden. Zusätzlich findet man viele Campingplätze, um die Fahrt so einteilen zu können, dass genug Zeit für die interessanten Dinge bleibt, die sich in großer Zahl anbieten.

EINE EINKEHR IN DIE ÖRTLICHEN GASTHÄUSER, VIELLEICHT NICHT EINMAL IN JENE IN DER »ERSTEN REIHE«, IST WIE DIE WAHL EINES REGIONALEN GERICHTES UNBEDINGT ZU EMPFEHLEN.

TIPP

Wegen der geringen Passhöhen kann die Deutsche Alpenstraße mit etwas Erfahrung auch im Winter befahren werden. Unterwegs gibt es mehrere Stell- und Campingplätze, die auch auf Wintergäste vorbereitet sind. Für den Sommer bietet sie sich durchaus als Einstiegstour ins alpine Wohnmobilfahren an (deutsche-alpenstrasse.de).

Schloss Neuschwanstein ist weltberühmt und viel besucht.

79 FÜSSEN

Am wilden Lech

Im lieblichen, »Pfaffenwinkel« genannten Voralpenland liegt Füssen, das Endpunkt der Romantischen Straße ist. Gleich denkt man an Neuschwanstein und Hohenschwangau, die berühmten Königsschlösser bei Schwangau. Zum »Königswinkel« zählt aber auch das Hohe Schloss mitten in Füssen. Die Stadt am Lech, schon nahe der Ammergauer Berge, hat eine schöne Altstadt, und sehenswert ist auch das Kloster St. Mang. Dazu versprechen die malerischen Seen, darunter der gut 15 Quadratkilometer große Forggensee, viel Spaß am Wasser.

TIPP

Nordöstlich von Füssen liegt unweit der B 17 die Wieskirche, deren Besuch eigentlich ein »Muss« ist. Schon vor Jahrzehnten wurde sie UNESCO-Weltkulturerbe. Füssen ist mit gleich drei Stellplätzen an der Abt-Hafner-Straße wirklich gut ausgestattet. Einen richtig großen Campingplatz mit allem Drum und Dran gibt es am Hopfensee (siehe S. 109).

80 SCHWANGAU

Zum »Königswinkel«

Aus allen Teilen der Welt kommen Menschen, um sich das Märchenschloss bei Schwangau anzusehen. Auf steilem Fels hoch über der Pöllatschlucht wurde der Traum König Ludwigs II. wahr. Auf Neuschwanstein mit seinen prunkvollen Räumen und Fresken zog sich der Bayernkönig schon während der Bauzeit (ab 1869) gerne zurück. Erst etwa 1892, sechs Jahre nach Ludwigs rätselhaftem Tod, wurde es fertiggestellt. Quasi nebenan, hoch über dem Alpsee, liegt Schloss Hohenschwangau, das sein Vater, König Maximilian II., einst erbauen ließ.

TIPP

Schloss Neuschwanstein von oben ansehen kann man, wenn man von Schwangau mit der Seilbahn auf den Tegelberg hinauffährt. Auch zu Fuß führen mehrere Strecken auf den 1730 Meter hohen Füssener Hausberg. Das weite Alpenvorland und die vielen Seen und Berge ringsum sieht man übrigens auch!

In Füssen und seiner Umgebung gibt es einiges zu sehen.

Blick auf Tannheim, von hier geht es mit der Vogelhornbahn auf das Neunerköpfle.

81 TANNHEIMER TAL

Zum schönsten Hochtal weithin

Es ist ein landschaftliches Kleinod. Mit grünen Matten und dunklen Nadelwäldern, dem bläulich schimmernden Vilsalpsee, umrahmt von Rauhorn, Geißhorn und Kugelhorn, sowie dem smaragdgrünen Haldensee, über dem sich die hellen Kalkwände von Gimpel und Roter Flüh aufbauen, die die Sportkletterer anlocken. Eine Szenerie, die idyllischer nicht sein könnte. Von Nesselwängle im Osten über Tannheim, dem Hauptort in der Talmitte, und Schattwald ganz im Westen erstreckt sich das Tal auf rund 1100 Metern Höhe. Die Berge ringsum gehören zu den Allgäuer Alpen, die höchsten Gipfel sind Köllenspitze (2240 m) und Gimpel (2176 m). Bergbahnen erleichtern den Aufstieg zu aussichtsreichen Höhenwegen. Ein Womo-Stellplatz findet sich auf dem Weg zum Tannheimer Tal in Bad Hindelang, im Tal selbst empfiehlt sich der Campingplatz in Grän (siehe S. 109).

TIPP

Von Tannheim aus lässt sich, Trittsicherheit vorausgesetzt, der 1866 Meter hohe Einstein besteigen. Am westlichen Rand der Tannheimer Berge gelegen, ermöglicht er eine prächtige Rundumsicht. Mit etwas Erfahrung kommt man auch auf den Aggenstein (1986 m) bei Grän.

Konstanz ist nur eines der Ziele, die man am Bodensee unbedingt ansteuern sollte.

BODENSEE

Deutsch-Schweizer Herrlichkeit

Die Landschaft am Bodensee gehört zu den bezauberndsten, die man in Deutschland findet. Umgeben von Obstwiesen wie im Paradies, verlieren sich bei Lindau langgezogene grüne Hügel im Allgäu und im Bregenzerwald. Und der Blick hinüber zu den Bergen ist einfach fantastisch!

Der Bodensee lockt mit einem milden, sonnig-warmen Klima. Die anliegenden Orte sind malerisch, die Region für beinahe jede Art von Freizeitbetätigung ideal und der See selbst ein Eldorado für den Wassersport. Darüber hinaus ist man von dort sehr schnell in den alpinen Hochlagen. Mit knapp 540 Quadratkilometern ist er der zweitgrößte Alpensee und mit 254 Metern der tiefste See Deutschlands. Von mehr als 200 Zuflüssen gespeist, durchfließt aber nur der Rhein den Bodensee. Im Nordwesten wird er durch einen bergigen Waldrücken in zwei Einzelbecken geteilt. So spricht man vom Überlinger See mit der Blumeninsel Mainau und dem Untersee mit den Inseln Reichenau und Werd. Schaut man dann von der deutschen Seite in sanft gewellter Landschaft an Föhntagen über den See hinweg, könnte man meinen, die Berge dort drüben stünden direkt am Ufer.

DIE TOP 5 STELL- UND CAMPINGPLÄTZE DER REGION

1. Camping Seehorn
Wiedehorn 9
CH-9322 Egnach
seehorn.ch
GPS: 47.536474, 9.397838

2. Stellplatz Paul-Grüninger-Stadion
Grütlistraße
CH-9000 St. Gallen
stadt.sg.ch
GPS: 47.433544, 9.404842

3. Park-Camping Lindau
Fraunhoferstraße 20
D-88131 Lindau
park-camping.de
GPS: 47.537514, 9.730689

4. Camping Mexiko am Bodensee
Hechtweg 4
A-6900 Bregenz
camping-mexico.at
GPS: 47.504330, 9.713712

5. Camping Oase
Hauptstraße 12
CH-8274 Tägerwilen
camping-oase.ch
GPS: 47.658630, 9.123032

Bei Konstanz: Blick über die »Gemüseinsel« Reichenau auf die imposante Kette der Schweizer Berge.

Auch hübsche Häuser gibt es auf der Schweizer Seite zu bewundern.

82 DIE SCHWEIZER SEITE

Wo die Berge warten

Wie viele sehnsüchtige Blicke haben wohl schon den Bodensee überquert, hinüber zur Schweiz, wo die Berge der Alpen so nah sind! Passiert man dann im Südosten des »Schwäbischen Meeres«, kurz hinter dem Zufluss des Rheins, bei St. Margrethen die Grenze von Österreich zur Schweiz und folgt dem See, prägen zahllose Obstwiesen auf den zum Bergland hin ansteigenden Erhebungen das idyllische Bild. Die Region der Ostschweiz, an die auch Liechtenstein angrenzt, hat viele Gesichter. Gleich zu Beginn sind es die sanften Hügel des Appenzellerlands, die gen Süden ansteigen – für Wanderer und Radfahrer ideal, wenn es nicht zu steil sein soll. Die erste Stadt am Weg und wichtigste am Südufer ist Rorschach. An ihrem Hafen wurden schon in ferner Vergangenheit Waren transportiert, und so verwundert es nicht, dass der Ort reich an kulturhistorischen Zeugnissen ist. Etliche sehenswerte Häuser und reizvolle Kirchen findet man vor allem in Hafennähe. Am Berghang über der Stadt aber liegt eine der bedeutendsten spätmittelalterlichen Klosteranlagen der Schweiz: das ehemalige Benediktinerkloster Mariaberg. Bald liegt die Stadt Arbon am Weg, die auch auf eine reiche Geschichte zurückblickt und zum UNESCO-Weltkulturerbe gehört. Relikte von Pfahlbauten wurden hier gefunden und Teile einer römischen Stadtmauer blieben erhalten. Wunderschön sind auch die intakte mittelalterliche Altstadt und das Schloss. Dazu das liebliche Hinterland mit den vielen Apfelbäumen, das sich für Rad- oder schweizerisch »Velotouren« ebenfalls bestens eignet. In der Zeit der Obstbaumblüte – der Bluescht – verwandelt sich alles in einen einzigen Blütentraum, wenn im Thurgau über 210 000 Hochstamm-Apfelbäume und über 1600 Hektar Obstkulturen in voller Pracht erblühen! Kreuzlingen, mit rund 22 400 Einwohnern größte Schweizer Stadt am Bodensee und Grenzstadt zu Deutschland, liegt am westlichen Ende des Hauptsees, in Nachbarschaft zu Konstanz. Schon immer und bis heute profitieren beide Städte voneinander. Sportliche Unternehmungen, kulturelle Erbauung und kulinarische Erlebnisse bietet die Freizeitregion Kreuzlingen, sowohl auf als auch am See. Ein Schiffsausflug auf dem Bodensee ist ein »Muss«, und bei einem Spaziergang lassen sich unter anderem der Seeburgpark oder die Burgruine Castell erkunden.

DIESE TRAUMHAFTE GEGEND AUF DEM WEG ZU DEN GROßEN SCHWEIZER BERGBERÜHMTHEITEN »LINKS LIEGEN ZU LASSEN«, IST KEINE OPTION.

TIPP

Am Südufer des Bodensees gibt es gleich mehrere Campingplätze, und so hat man die Wahl zum Beispiel zwischen Camping Fischerhaus in Kreuzlingen, Camping Ruderbaum in Altnau, Camping Amriswil in Uttwil oder auch dem Campingplatz Buchhorn in Arbon.

Die berühmte Hafeneinfahrt von Lindau aus der Vogelperspektive.

83 ST. GALLEN

Die Kulturhochburg

Die Wurzeln St. Gallens, der eindrucksvollen Kantonshauptstadt, reichen zurück bis ins siebte Jahrhundert, als hier der irische Mönch Gallus eine Klause gründete, die sich bald zu einem Kloster entwickelte. Höhepunkt einer interessanten Stadtbesichtigung ist sicher das malerische Klosterviertel in der Altstadt, das heute zum Weltkulturerbe der UNESCO zählt. Direkt neben der spätbarocken Klosterkirche befindet sich die überaus wertvolle Stiftsbibliothek von Weltrang. Fast ebenso berühmt und bis heute begehrt sind die St. Galler Spitzen, die der Tuchmacherstadt einst zu Wohlstand verhalfen.

TIPP

Am Paul-Grüninger-Stadion ist auf zwei Stellflächen sowohl das Parken als auch das einmalige Übernachten erlaubt (mit Versorgungsstation). Von dort sind es zu Fuß nur rund 30 Minuten bis in die historische Altstadt St. Gallens, die man sich unbedingt einmal ansehen sollte (siehe S. 119).

84 LINDAU

Inselstadt im See

Wer Lindau noch nicht kennt, der wird mit Sicherheit erstaunt sein, denn die wunderschöne Altstadt, liegt – mit dem Festland verbunden – auf einer Insel im Bodensee! Dort prägen das Alte Rathaus und historische Bürgerhäuser das malerische Bild. Wahrzeichen aber ist die Hafeneinfahrt mit dem Leuchtturm und dem Bayerischen Löwen. Um den Hafen konzentrieren sich etliche Sehenswürdigkeiten, sodass man schon bei einem kleinen Spaziergang viel entdecken kann. Lindau ist idealer Ausgangspunkt für eine Fahrt in die Berge: über die Deutsche Alpenstraße (siehe S. 113), das Rheintal hinauf oder am Bodensee entlang weiter ins Appenzellerland.

TIPP

Praktisch und unkompliziert: Wer nur auf der Durchreise ist – also maximal für 24 Stunden bleiben möchte – kann mit seinem Wohnmobil vor dem Park-Camping Lindau Station machen und dabei trotzdem alle Einrichtungen des Campingplatzes inklusive nutzen (siehe S. 119).

Ein wahrer Kunstschatz: die Kathedrale von St. Gallen.

In der Bregenzer Oberstadt.

Bodenseeromantik am Imperiasteg in Konstanz.

85 BREGENZ

Berühmte Seebühne

Die traditionsreiche Bodenseestadt Bregenz ist nicht nur sehenswert, sie steht vor allem für herausragende Kultur. Berühmteste Attraktion ist die Seebühne, die heutzutage vor bis zu 7000 Zuschauern und schon seit 1946 – natürlich auf dem Wasser – bespielt wird. Im Süden des Bregenzer Zentrums betritt man durch ein Stadttor die »Oberstadt«. Teile der alten Stadtmauer stammen sogar noch aus dem 13. Jahrhundert. Bekannt ist auch der markante Martinsturm, einer der größten Zwiebeltürme Europas. Er bietet einen Rundumblick auf die Stadt und eine interessante Ausstellung.

TIPP

Auf den Parkplätzen Seestadtareal (Seestraße, GPS: 47.503094, 9.742416) und Bahnhofstraße (GPS: 47.501603, 9.738226) kann man die Fahrt unterbrechen. Zum Übernachten stehen mehrere Campingplätze zur Auswahl, z. B. Camping Mexiko am Hechtweg (siehe S. 119). Dort liegt ebenfalls Seecamping Bregenz.

86 KONSTANZ

Zentrum am See

Konstanz ist die größte Stadt am Bodensee und die einzige deutsche auf der Südseite. Gemütlich durch die Altstadt zu bummeln, von einem der zahlreichen Cafés aus die Schiffe auf dem See zu beobachten und zwischendurch in ein Museum zu gehen: Diese Mischung macht Konstanz, das eine lange Geschichte hat, so interessant. Wunderbar ist auch ein Besuch der Blumeninsel Mainau, auf den Turm des Münsters zu steigen oder eine Schiffstour zu machen. Zudem eignet sich die landschaftlich flache Umgebung ganz wunderbar zum Radwandern.

TIPP

Stellplätze bei Konstanz gibt es beispielsweise im rund zwölf Kilometer entfernten Reichenau (Zum Sandseele, GPS: 47.698997, 9.047116, und Riedstraße, GPS: 47.701049, 9.050270; beide: reichenau.de) oder im schweizerischen Tägerwilen, ca. sechs Kilometer entfernt (siehe S. 119).

Zur Erinnerung an die Erstbesteigung des Mont Blanc wurde in Chamonix ein Denkmal errichtet.

KONTRASTREICHES SAVOYEN

Von südlich-mild bis eisigkalt

Auf dem Weg von Genf in die Savoyer Alpen lässt sich ein vielgestaltiges Land entdecken: Von der Weltstadt am berühmten See mit schönen Urlaubsorten und mediterranem Flair geht es zu den Bergsteigerzentren und dem höchsten Berg der Alpen, dem Mont Blanc. Denn Savoyen ist außergewöhnlich abwechslungsreich.

Savoyen – so nennt sich die französische Landschaft, die südlich des Genfersees (Lac Léman) beginnt und sich schon bald zu den Savoyer Alpen erhebt. Wir erkunden hier die Gegend bis Chamonix zu Füßen des Mont Blanc, dem Prunkstück der französischen Nordalpen. Dabei begegnet man vom schweizerischen Genf bis hinauf ins Arvetal etwa der reizvollen Mittelgebirgslandschaft des Chablais mit seinem touristischen Zentrum am Genfersee, Thonon-les-Bains, oder Evian in südlich-mildem Klima. Milch- und Forstwirtschaft, Obst- und Weinbau werden im Chablais betrieben, bevor das Hochgebirge Platz greift: die Savoyer Alpen mit ihren vergletscherten Viertausendern und der Mont Blanc-Gruppe. Alternativ bietet sich weiter östlich die Route über die Schweiz, das Rhônetal und Martigny an.

DIE TOP 5 STELL- UND CAMPINGPLÄTZE DER REGION

1. Camping Hermance la Plage
44 Rue du Nord
CH-1248 Hermance
hermance-plage.ch
GPS: 46.303753, 6.242184

2. Camping de Rolle Aux Vernes
Chemin de la Plage 4
CH-1180 Rolle
rolle.ch
GPS: 46.461468, 6.346432

3. TCS Camping Genf-Vésenaz
Chemin de la Bise 19
CH-1222 Vésenaz
tcs.ch
GPS: 46.245288, 6.193565

4. Camping du Glacier D'Argentiere
161 Chemin des Chosalets
F-74400 Chamonix-Mont-Blanc
campingchamonix.com
GPS: 45.974762, 6.923708

5. Grépon-Parkplatz
Chemin à Batioret/Route Blanche
F-74400 Chamonix-Mont-Blanc
chamonix.com
GPS: 45.916078, 6.870040

Blick auf das Südufer des Genfersees, an dem Thonon-les-Bains und Évian-les-Bains liegen.

87 GENF

Stadt von Weltgeltung

Die Stadt am Genfersee nahe der französischen Grenze gilt als elegant bis mondän und neben Paris als ein Mittelpunkt französischer Kultur. Genf ist eines der größten Tourismuszentren des Landes und Ausgangspunkt zum Mont-Blanc-Gebiet. Die zweitgrößte Stadt des Landes wird geprägt durch ihre Uferpromenaden und weitläufigen Parks, die gewachsene Architektur und die Lage sowohl an der Rhône als auch beiderseits der Südspitze des sichelförmigen Genfersees. Dort ist die riesige Wasserfontäne (Jet d'eau) ein Wahrzeichen Genfs. Eng gebaut liegt die Altstadt am linken, südlichen Seeufer, das eigentliche Zentrum um die Kathedrale St. Peter.

TIPP

Park- und Stellplätze für Wohnmobile sind in Genf ziemlich rar. Am besten sofort einen der Campingplätze ansteuern, z. B. den in Rolle zwischen Lausanne und Genf oder den TCS Camping Genf Vésenaz. Letzterer liegt direkt am südlichen Ufer des Genfersees (siehe S. 127).

88 THONON-LES-BAINS

Tor zum Chablais

Der traditionsreiche Urlaubsort in der Weinbauregion Savoie (Savoyen) wurde einst in erhöhter Lage am Südufer des Genfersees – des Lac Léman – erbaut und ermöglicht vom belebten historischen Stadtkern weite Blicke über den See. Eine Standseilbahn verbindet heute das Zentrum mit dem Hafen und der Siedlung Rives um das alte Château de Rives. Sehr beeindruckend ist auch das nahe Schloss Ripaille. Von Thonon geht es Richtung Süden durch das Chablais auf die ersten hohen Berge zu. Oder man fährt über Evian weiter am See entlang und biegt schließlich rechts ins Rhônetal ab.

TIPP

Von Thonon-les-Bains lohnt ein Abstecher nach Südosten zum alten Kloster von Abondance aus dem frühen 12. Jahrhundert. Beeindruckend als kunsthistorische Kostbarkeit sind besonders die gut erhaltenen Fresken im Kreuzgang, die den Marienzyklus zeigen.

In der malerischen
Altstadt von Genf.

Noch mehr Nervenkitzel am Mont Blanc: Schritt ins Leere.

Chamonix und der Mont Blanc gehören untrennbar zusammen.

89 MONT BLANC

König der Alpen

Der Monarch, der weiße Berg, ist mit rund 4810 Metern der höchste Gipfel der Alpen – mit berühmten Pfeilern, Graten und Wänden. Seine Erstbesteigung 1786 gilt als »Geburtsstunde des Alpinismus«. Und noch immer wollen jedes Jahr Hunderte hinauf, um einmal im Leben auf dem Dach der Alpen zu stehen! Umgeben von fast 30 Gletschern, deren längster der Argentière-Gletscher ist, mit klangvollen Ortsnamen in den Tälern wie Argentière und Chamonix auf französischer, Orsières und Martigny auf Schweizer oder Courmayeur auf italienischer Seite.

TIPP

Ein Ausflug der Extraklasse führt mit der Bergbahn zum schönsten Aussichtspunkt der Alpen: der Aiguille du Midi. Insbesondere Chamonix und der Mont Blanc sind sehr gut auszumachen. Seit einigen Jahren gibt es hier oben den spektakulären Pas dans le Vide oder Schritt ins Leere, aus dem man rund 1000 Meter in die Tiefe blicken kann!

90 CHAMONIX

Im Banne des »Monarchen«

Im Arvetal mit Blick auf den Mont Blanc erhält sich Chamonix den Nimbus des traditionsreichen Bergsteigerzentrums, seitdem 1786 von dort die erste Besteigung des »Königs der Alpen« gelang. Chamonix trug 1924 auch erstmals Olympische Winterspiele aus. Ganz ohne Zweifel erzeugt die Nähe der spektakulären Berge eine alpine Atmosphäre, die zudem im Alpinmuseum mit Leben gefüllt wird. Wer richtig hoch hinaus will, nimmt am einfachsten eine der Bergbahnen. Aber Vorsicht: Die große Höhe verkraftet nicht jeder gleich gut.

TIPP

Ein idealer Stellplatz ist der große Grépon-Parkplatz an der Talstation der Aiguille-du-Midi-Seilbahn, von dem man in rund fünf Minuten zu Fuß das Zentrum von Chamonix erreicht (siehe S. 127). Noch etwas zentraler liegt der Camping Ile des Barrats mitten in Chamonix, wo es auch Chalets für vier bis sechs Personen gibt (campingdesbarrats.com).

Von der hoch gelegenen Festung hat man eine gute Sicht auf Grenoble und seine Altstadt.

SÜDLICH DES MONT BLANC

In den französischen Alpen

Hier zeigt sich der höchste Gipfel der Alpen von einer anderen Seite. Und folgt man danach den Flüssen Arly und Isère gen Süden, gibt es zwischen Mont Blanc und Grenoble noch viel mehr zu sehen, in einer Landschaft, die für tolle Skigebiete und gewaltige Bergmassive bekannt ist.

Im Westen des Mont Blanc liegt der Urlaubsort Saint-Gervais-les-Bains, der es in Sachen Höhenmeter in sich hat. Das nahe Arlytal führt dann vorbei an Megève hinunter an die Isère zur Olympiastadt Albertville. Hier lohnt ein Abstecher Isère-aufwärts durch voralpine Landschaft bis nach Moûtiers und weiter zum Nationalpark Vanoise, einem wahren Wanderparadies mit vielfältiger Fauna und Flora. Zurück an unserem Ausgangspunkt Albertville könnte man der Isère nun zu den waldreichen Bergen der Chartreuse nachreisen. Dabei läge Chambéry, das »Herz Savoyens«, zu einem Besuch nahe, bevor man die Alpenmetropole Grenoble erreicht. Dort machen sich Freunde des Radsports auf ins Romanchetal, um die »Bergetappe« nach L'Alpe d'Huez zu erkunden. Weiter Richtung Osten warten dann der 2058 Meter hohe Col du Lautaret und je nach Routenwahl noch andere eher anspruchsvolle Pässe. Bequemer ist es, man fährt zurück ins Isèretal.

DIE TOP 5 STELL- UND CAMPINGPLÄTZE DER REGION

1. Stellplatz Albertville
Montée Adolphe Hugues
F-73200 Albertville
pays-albertville.com
GPS: 45.673694, 6.397088

2. Camping les Adoubes
24 Avenue du Camping
F-73200 Albertville
camping-albertville.fr
GPS: 45.679782, 6.396327

3. Camping Alpes Lodges (Le Parc Isertan)
194 Rue du Rocher Blanc
F-73710 Pralogna-la-Vanoise
camping-alpeslodges.com
GPS: 45.376618, 6.722194

4. Stellplatz Aire camping car Sassenage
Rue Pierre de Coubertin
F-38360 Sassenage
grenoble-tourisme.com
GPS: 45.213671, 5.668929

5. Stell- und Campingplatz Les Trois Pucelles Camping Caravaning
58 Rue des Allobroges
F-38180 Seyssins; camping3pucelles-grenoble.fr
GPS: 45.166928, 5.698744

Der Nationalpark Vanoise vereint liebliche Wiesenlandschaften und Hochgebirge auf das Beste.

91 SAINT-GERVAIS

Tram zum Mont Blanc

Mit Chamonix und Megève hat das rund 800 Meter hoch im Montjoie-Tal zu Füßen des Mont Blanc (4810 m) gelegene Saint-Gervais-les-Bains prominente Nachbarn. Vor allem aber gehört der Gipfel des höchsten Alpenberges zu Saint-Gervais! Kein Wunder also, dass die Höhenunterschiede in dieser Gemeinde gewaltig sind – sogar im Ort betragen sie noch rund 600 Meter. Vom Ortsteil Le Fayet (580 m) steigt auch die Zahnradbahn »Tramway du Mont Blanc« bis auf 2386 Meter zum Aussichtspunkt Nid d'Aigle (Adlerhorst) – sie ist die höchste Eisenbahnstrecke Frankreichs – und gibt dabei schöne Blicke frei.

TIPP

Eine Nummer kleiner ist die Fahrt mit der Gondelbahn von Saint-Gervais-les-Bains auf den Mont d'Arbois. Auch dort kann man ein herrliches Panorama mit Mont Blanc und Umgebung genießen. Im Ort interessant ist die Kirche Notre-Dame-des-Alpes. Sie ist zwar nicht sehr alt, aber besonders.

92 ALBERTVILLE

Ein Königswerk

Die Olympischen Winterspiele 1992 machten das rund 350 Meter hoch gelegene Albertville bekannt, auch wenn schneesichere »Außenstellen« nötig waren. Die Stadt entstand 1835/1836 aus den Orten L'Hôpital und Conflans, nachdem Karl Albert I., König von Sardinien-Piemont, sie vereinte und auch Taufpate wurde. Das mittelalterliche Conflans – ein sehenswertes Ausflugsziel – ist von einer Stadtmauer umgeben, liegt etwas erhöht und bietet schöne Aussicht über das Tal der Isère. Unterhalb des alten Zentrums stehen Parkplätze und ein Wohnmobil-Stellplatz mit Entsorgungsmöglichkeit bereit.

TIPP

Als Park- und Stellplatz bietet sich der Platz unterhalb der Cité Médiévale de Conflans, in der Montée Adolphe Hugues an. Alternativ gibt es im Norden von Albertville auch einen kleinen, ruhig gelegenen Camping Municipal (beide siehe S. 133).

Das kleine Dorf Conflans liegt etwas oberhalb von Albertville-Zentrum.

Grenoble hat eine sehenswerte Altstadt (links). Die Auffahrt nach L'Alpe d'Huez führt kurvenreich in die Höhe (rechts oben). Das Refuge du Mont Pourri im Vanoise-Nationalpark (rechts unten).

93 VANOISE

Hochalpiner Nationalpark

Zwischen den oberen Talabschnitten von Isère und Arc gelegen, grenzt der »Park National de la Vanoise« im Osten u. a. an den italienischen Nationalpark Gran Paradiso. Wegen seiner Höhenlage von knapp 1300 bis zu gut 3850 Metern sind Flora und Fauna je nach Vegetationszone sehr vielfältig. Wer Steinbock, Adler und Co. besuchen will, biegt in Moûtiers nach Pralognan-la-Vanoise ab.

TIPP

Geübte Wanderer können von Pralognan-la-Vanoise über den GR 55 Richtung Aiguille de la Vanoise wandern. Die komplette Runde über das Refuge du Col de la Vanoise und zurück dauert etwa sechs Stunden. Wem das zu lang ist, kann am Lac des Vaches umdrehen.

94 GRENOBLE

Hauptstadt der Dauphiné

Nach Kaiser Gratian wurde sie 377 als Gratianopolis zur Stadt ernannt: Grenoble, Olympia-Standort von 1968. Die größte Stadt der Alpen liegt auf gerade mal 212 Metern Höhe im weiten Talkessel der Isère, umgeben von den Chartreuse-, Belledonne- und Vercors-Bergen. Wahrzeichen ist die Gondel-Seilbahn, die über den Fluss hinweg hinauf zur Festung Fort de la Bastille fährt.

TIPP

Sehenswert in Grenoble ist nicht nur das bedeutende Kunstmuseum, sondern auch die kleine ehemalige Klosterkirche St-Laurent, deren Krypta aus vorromanischer Zeit stammt und die zu den ältesten in ganz Frankreich zählt. Wohnmobil-Stellplätze gibt es in Sassenage und Seyssins (siehe S. 133).

95 L'ALPE D'HUEZ

Für Sportliche

Der eher zweckmäßig geplante Ferienort auf einem klimatisch bevorzugten Höhenrücken wurde im Rahmen der Olympischen Winterspiele 1968 in Grenoble ausgebaut. L'Alpe d'Huez ist v. a. Wintersportort. Außerdem kennt man ihn von den Fernsehbildern der Tour de France. Fast jedes Jahr ist das große Radsportereignis zu Gast in dem Ort mit der renommierten kurvenreichen Bergetappe.

TIPP

Am auch für Womos geeigneten Parkplatz in Le Bourg-d'Oisans könnte man mit dem »Velo« zur ganz privaten »Tour de France« aufbrechen, um die 21 Spitzkehren hinauf nach L'Alpe d'Huez anzugehen und auf fast 14 Kilometern einen Höhenunterschied von knapp 1100 Metern zu überwinden.

Obst- und Blumenmarkt in den Gassen von Bozen. In der Mitte das denkmalgeschützte Torgglhaus.

BOZEN UND MEHR

Zwischen Kalterer See und Grödnertal

Südtirols Dolomiten sind voll von bezaubernden Orten, malerischen Landschaften und steil aufragenden Bergen mit großer Klettergeschichte. Und nicht selten ist ein gewisser italienischer Einfluss spürbar, nach dem Motto: Ist der Platz schön und das Wetter gut, setze dich und genieße!

Man denkt an roten Wein, an Äpfel und Maronen, an grüne Wiesen zu Füßen der senkrechten Dolomitenwände, an schmale Gassen in urigen Dörfchen. Auch in den Südtiroler Dolomiten gibt es so viele schöne Flecken, dass man sich kaum entscheiden mag, wohin es gehen soll. Warum also nicht einfach im Westen, im Raum Bozen, beginnen und sich dann weiter umschauen. Hier kann man über blühende Hochalmen wandern, weltbekannte Täler besuchen, stille Seen, berühmte Berge und markante Pässe kennenlernen – und sollte sich dabei viel Zeit nehmen! Schön, dass es in der Region reichlich Campingplätze gibt, und fast alle haben Ver- und Entsorgungsstellen für Wohnmobile, sodass man bequem ein paar Tage länger bleiben kann. Spezielle Plätze nur für Wohnmobile sind aber noch recht selten.

DIE TOP 5 STELL- UND CAMPINGPLÄTZE DER REGION

1. Camping Moosbauer
Moritzinger Weg 83
I-39100 Bozen
moosbauer.com
GPS: 46.503497, 11.299585

2. Camping Gretl am See
St. Josef am See 18
I-39052 Kaltern
camping-gretl.it
GPS. 46.382563, 11.257786

3. Hotel-Restaurant Rechenmachers Rosengarten
Rosengartenstraße 43
I-39056 Welschnofen
hotelrosengarten.it
GPS. 46.437787, 11.559818

4. Camping Catinaccio Rosengarten
Strada de Pucia 4
I-38036 Pozza di Fassa
catinacciorosengarten.com
GPS: 46.426115, 11.686230

5. Camping Seiser Alm
Dolomitenweg 10
I-39050 Völs am Schlern
camping-seiseralm.com
GPS. 46.532710, 11.532788

Die bekannten Laubengänge von Bozen.

96 BOZEN

Sehenswerte Großstadt

Die Stadt an Talfer und Eisack mit Aussicht zu den steilen Felstürmen des Rosengartens lädt in einen erker- und laubenreichen mittelalterlichen Ortskern, der viele bauliche Feinheiten aufweist. Hier warten mit der Laubengasse, dem Waltherplatz mit dem spätgotischen Dom Maria Himmelfahrt und dem Denkmal Walthers von der Vogelweide, dem Rathausplatz mit dem »neuen« Rathaus oder auch dem traditionellen Obstmarkt am alten Torgglhaus mehr als nur ein Augenschmaus. Wem das noch nicht reicht, der kann sich im Südtiroler Archäologiemuseum den »Ötzi«, die Gletschermumie, ansehen.

TIPP

Wer sich die Parkplatzsuche verkürzen will, sollte gleich die Pfarrhofstraße (am Friedhof bzw. an der Tankstelle) im Süden der Stadt anfahren. Hier gibt es einige wenige Plätze zum Übernachten, tagsüber kann man aber auch schräg gegenüber auf einem großen Parkplatz das Womo abstellen.

97 KALTERER SEE

Von Wasser und Wein

Soll es von Bozen weiter Richtung Süden gehen, bietet sich natürlich die Autobahn an. Gemütlicher aber hat man es auf der parallel verlaufenden Landstraße, außerdem kann man nach Lust und Laune all die schönen Orte entlang der im Jahr 1964 gegründeten Südtiroler Weinstraße besuchen, zum Beispiel St. Michael, den Hauptort der Gemeinde Eppan. Einen Abstecher wert ist immer der berühmte Kalterer See, an dem es mehrere Campingplätze gibt und der an vielen Stellen zum Baden einlädt. Inmitten von Weinbergen liegt der See im weiten Tal der Adige (Etsch) besonders idyllisch, und auch Kaltern ist nicht weit weg.

TIPP

Weinliebhaber, die neben dem Genuss ebenso etwas über die edlen Tropfen wissen möchten, sind im Südtiroler Weinmuseum in Kaltern gerade richtig. Dort bekommt man sicherlich einige Anregungen für die Weiterfahrt, die dann vielleicht über die Südtiroler Weinstraße führt (weinmuseum.it).

Im Wein- und Wanderparadies am Kalterer See.

Wanderziele gibt es rund um das Eggental in großer Vielfalt, und auch Mountainbiker finden etliche Wege (links). Die Marmolada von der Nordseite, gesehen vom Passo Padon (rechts oben). Ein besonderes Juwel: der Karersee (rechts unten).

98 EGGENTAL

UNESCO-Weltnaturerbe

Als Seitental des Eisacktals zieht das Eggental bei Bozen nach Südosten, verzweigt sich dabei und endet am Reiterjoch bzw. am Karerpass. Das Tal punktet mit alpinem Flair, mit italienisch beeinflusster Lebensart und mit beeindruckender Weitläufigkeit. Hier wird auf Nachhaltigkeit und Klimaneutralität durch modernste Technik in Verbindung mit traditionellen Werten gesetzt.

TIPP

»Sternengucker« sind vom Eggental wegen der geringen Lichtverschmutzung begeistert. Steinegg und Gummer haben sich deshalb zum »Ersten Europäischen Sternendorf« zusammengetan und wurden bereits für »einen der schönsten Nachthimmel in Italien« ausgezeichnet.

99 KARERPASS

Mit Traumaussicht

Alle Herzen schlagen höher, wenn in der Rosengartengruppe die Südwestwand des Rotwand genannten Berges über dem Karerpass im letzten Abendlicht rötlich erstrahlt! Die Passstraße zwischen Bozen und dem Fassatal führt mit Prachtaussicht auch auf das Latemar und das Fassatal bis hinauf auf 1752 Meter. Kurz davor liegt einer der schönsten Seen der Dolomiten: der Karersee. In Pozza di Fassa bietet sich der Camping Rosengarten an (siehe S. 139).

TIPP

Mit dem MTB auf den Carezza Trail: Von der Frommer Alm durch ein kleines Tal zurück nach Welschnofen (4,4 km, 550 hm). Bei Rechenmachers Rosengarten steht man kostenlos, wenn man eine Serviceleistung bucht (siehe S. 139).

100 MARMOLADA

Alpines Schaustück

Die 3343 Meter hohe Marmolada ist ein Traumziel für Alpinisten, dazu der höchste und der einzige stark vergletscherte Gipfel der Dolomiten. Sommerskifahrer, Wanderer und Aussichtsgenießer schweben per Seilbahn hinauf auf die »Schimmernde«, wie der Bergname verrät. Zum vergletscherten Nordfuß kommt man, wenn man vom Fassatal aus den gut 2000 Meter hohen Fedaiapass vorbei am Lago Fedaia hinauffährt. Der See ist ein idealer Platz für eine Pause.

TIPP

Im Marmolada-Gletschereis wurde während des Ersten Weltkriegs ein etwa zehn Kilometer langes Stollensystem erbaut: die »Eisstadt«. Das Gebirgskriegsmuseum an der Bergstation der Seilbahn erinnert an diese schlimme Zeit.

Morgenstimmung auf der Seiser Alm.

101 SEISER ALM

Ein Blütenteppich

Von Bozen weiter nach Nordosten, kommt man südlich des Grödnertals zur größten Hochalm des gesamten Alpenbogens. Die zwischen 1680 und 2350 Metern Höhe gelegene Seiser Alm zu Füßen des mächtigen Langkofels, des »Wächters des Grödnertals«, gehört zur Gemeinde Kastelruth. Ein Netz von mehreren Hundert Kilometern Wanderwegen führt durch die wellig-hügeligen Bergwiesen, die sich jedes Jahr aufs Neue in einen Blütenteppich verwandeln. Eine unvergessliche Naturkulisse und als Ferienregion in Sommer und Winter gleichermaßen beliebt!

TIPP

Viel erfahren über die Seiser Alm und die alpine Geschichte der 1920er- bis 1940er-Jahre kann man bei einem Besuch im Hotel Steger-Dellai. In der damaligen Zeit übernahm ein außergewöhnliches Bergsteiger-Ehepaar das Gasthaus und baute es aus – und diese Ära wird bis heute gepflegt (hotel-steger-dellai.com).

102 GRÖDNERTAL

Luis Trenker und mehr

St. Ulrich, St. Christina und Wolkenstein heißen die beliebten Urlaubsorte im sonnigen Grödnertal. St. Ulrich ist bekannt für seine Holzschnitzkunst, aber viele kennen den Ort vor allem als die Heimat Luis Trenkers, des berühmten Sohnes. Mit den Bergbahnen geht es bequem in die Höhe, etwa in die Nähe der markanten Geislerspitzen. Gesprochen wird hier Deutsch, Italienisch und auch Ladinisch. Wer vom Eisacktal angereist ist, kann die Weiterfahrt über das Grödner Joch (2121 m) oder das Sellajoch (2240 m) fortsetzen, beide mit tollem Panorama.

TIPP

Das Museum Gröden in St. Ulrich zeigt die Natur- und Kulturgeschichte des Tals, die eng mit der Holzschnitzkunst des 18. und 19. Jahrhunderts zusammenhängt. Eine eigene Ausstellung widmet sich dem Bergsteiger und Regisseur Luis Trenker, der in St. Ulrich zur Welt kam und dort auch begraben ist (museumgherdeina.it).

St. Ulrich im Grödnertal – dahinter reckt sich unübersehbar der Langkofel in die Höhe.

Die Dolomiten sind ein beliebtes Ziel für Camper. Hier der Platz von Camping Olympia in Cortina.

DOLOMITEN-NORDOST

Südtirols steinerne Prunkstücke

Im nordöstlichen Teil der Dolomiten, wo das italienische Südtirol dem österreichischen Tirol schon recht nahekommt, ist die vielgestaltige Bergwelt sicher die Hauptattraktion. Vielleicht aber sind es auch die sonnenverwöhnten Rebhänge oder große Kultur und Historie, die so viele nach Südtirol locken …

Als sagenumwoben gelten die Dolomiten, die »bleichen Berge«. Mit ganz besonders steilen Felsabbrüchen aus Dolomitgestein, wie es sie vielleicht nur in den Südostalpen gibt. Charakteristisch für jenen Hauptdolomit sind die horizontalen Schichtungen, die einst im Meer durch Ablagerungen entstanden. Heute ziehen sie mit ihren bizarren Kalkriffen Bergsteiger und Urlauber magisch an. Zwischen dem Pustertal im Norden, zu Füßen des vergletscherten Alpenhauptkamms, und Cortina d'Ampezzo, der weiter südlich liegenden »Perle« der Dolomiten, gibt es Touristen-Highlights wie Bruneck, die Drei Zinnen oder den Misurinasee. Es warten spektakuläre Aussichten und senkrechte Felswände, Burgen und Schlösser, hoch oben oder im weiten Tal, und malerische Orte, die zu einem entspannten Stadtrundgang mit südlichem oder historischem Ambiente einladen.

DIE TOP 5 STELL- UND CAMPINGPLÄTZE DER REGION

1. Camping Olympia
Camping 1
I-39034 Toblach
camping-olympia.com
GPS: 46.734437, 12.193646

2. Camping Toblacher See
Toblacher See 3
I-39034 Toblach
toblachersee.com
GPS: 46.706291, 12.217964

3. Stellplatz unterhalb der Auronzohütte
I-32041 Auronzo di Cardore
auronzomisurina.it
GPS: 46.612982, 12.293247

4. Wohnmobilstellplatz Misurina
I-32041 Auronzo di Cardore
comune.auronzo.bl.it
GPS: 46.588348, 12.255629

5. International Camping Olympia
Località Fiames 1
I-32043 Cortina d'Ampezzo
campingolympiacortina.it
GPS: 46.569269, 12.115772

Auf Schloss Bruneck hat das MessnerMountainMuseum Ripa seinen Platz gefunden.

103 BRUNECK

Im grünen Pustertal

Wo sich das von Norden heranziehende Tauferer Ahrntal dem unteren Pustertal in einem weiten Talgrund öffnet, liegt auf 835 Metern Höhe das hübsche Städtchen Bruneck. In seinem mittelalterlichen Stadtkern ist die historische Stadtanlage samt Stadtgasse – erreichbar über Ursulinentor, Florianitor, Rienztor oder Ragentor – nach wie vor gut erkennbar. Überhöht vom Schloss auf dem bewaldeten Burgberg prägt auch die Kirche St. Katharina auf dem Rain zu Füßen der Anlage die Silhouette Brunecks. Hausberg ist der 2273 Meter hohe Kronplatz, der auch ein begehrtes Skigebiet darstellt.

TIPP

Auf dem Burgberg hat Bergsteigerlegende Reinhold Messner im Schloss Bruneck ein MessnerMountainMuseum (MMM Ripa) eingerichtet. Das MMM Corones auf dem Kronplatz, ein weiteres Messner-Museum, ist von Bruneck per Gondelbahn zu erreichen – dazu gibt es herrliche Aussicht auf die Dolomiten und den Zillertaler Hauptkamm.

104 TOBLACH

Zwischen Bergen und See

Das 1243 Meter hoch gelegene Toblach am Nordrand Südtirols im reizvollen Pustertal ist ebenso wie sein östlicher Nachbar Innichen ein beliebter Ferienort. Beeindruckt in Innichen die romanische Stiftskirche als eine der schönsten im Alpenraum, so steht in Toblach mit der Kirche St. Johannes der Täufer im Ortskern eine der schönsten Barockkirchen Südtirols, und die im 16. Jahrhundert erbaute Herbstenburg zählt zu den Schmuckstücken im Pustertal. Sehenswert ist auch der kleine Toblacher See mit seinen Waldhängen vor den steilen Felsen.

TIPP

Ein für sein umweltfreundliches Konzept ausgezeichneter Campingplatz ist Camping Olympia bei Toblach. Der recht große Platz bietet zwar keine separaten Wohnmobil-Stellflächen vor der Schranke, aber die Ver- und Entsorgung der Wagen ist auf dem Platz sichergestellt. Auf dem Gelände gibt es eine Wellnessanlage samt Schwimmbad.

Der Toblacher See: ein schönes Fleckchen in den Dolomiten.

Inmitten der Berge liegt der kleine Misurinasee.

Unter den vielen beeindruckenden Dolomitenbergen gehören die Drei Zinnen zur Extraklasse.

105 DREI ZINNEN

In Stein gemeißelt

Große Zinne, Kleine Zinne und Westliche Zinne: Sie sind unbestreitbar fotogen, die Drei Zinnen, Wahrzeichen der Dolomiten. Wie die Kulisse eines gigantischen Amphitheaters bauen sich die Nordwände direkt gegenüber der Dreizinnenhütte auf. Unzählige Postkarten und Titelseiten von Magazinen haben diese Monumente aus Stein in den Sextener Dolomiten wohl schon geziert. Fast ein Dreitausender ist die Große Zinne und mit ihrem mauerglatten Nordabsturz das Ideal eines Berges für Extremkletterer. Für alle anderen führt ein verhältnismäßig leichter Wanderweg rund um den Gebirgsstock.

TIPP

Wer zu den Drei Zinnen hinauffährt (Mautstraße), könnte anschließend eine aussichtsreiche Bergwanderung angehen, denn in nur rund vier Stunden ist eine komplette Umrundung der Zinnen zu schaffen. Start der leichten Wanderung ist die Auronzohütte (2300 m).

106 MISURINASEE

Auch gefroren schön

Zwischen Cortina d'Ampezzo und Toblach kann man über den recht einfach zu befahrenden Tre-Croci-Pass dem schönen Misurinasee einen Besuch abstatten. Der rund einen Kilometer lange Dolomitensee liegt in einem Hochtal auf fast 1800 Metern Höhe, umgeben von ausgedehnten Wäldern und kleinen Wiesen, inmitten von Berggipfeln, und ist ein beliebtes Ausflugsziel. Schon um 1900 entstanden hier am Ufer die ersten Hotels. Während der Olympischen Spiele 1956 wurden auf dem zugefrorenen See, der an seiner tiefsten Stelle gerade einmal fünf Meter misst, die Eisschnelllaufwettkämpfe abgehalten.

TIPP

Neben einem Ort zum Übernachten bietet der Stellplatz am Misurinasee (siehe S. 147) einen weiteren Vorteil: Will man hoch zu den Drei Zinnen, kann man, anstatt die Mautstraße zu nehmen, hier eine Wanderung zu dem berühmten Dreigestirn starten.

CORTINA D'AMPEZZO

Herzstück der Dolomiten

Bei den Ampezzaner Dolomiten denkt man meist an Skilauf, an braun gebrannte, pelzbekleidete Schöne und Reiche, an das Flair der 1950er- und 1960er-Jahre, denn weltbekannt wurde der Ort durch die Olympischen Winterspiele 1956 mit Toni Sailer als Superstar. Am Fuß der Tofane-Gipfel gelegen, hatte Cortina schon immer eine gewisse Bedeutung, aber erst im Zuge der Erschließung als Wintersportort setzte eine rapide Entwicklung hin zur Fremdenverkehrsmetropole ein. 1224 Meter hoch im Boite-Tal gelegen und von der bezaubernden Wald- und Wiesenlandschaft des Ampezzaner Beckens umgeben, stehen rund um Cortina berühmte Dolomitenberge wie Monte Cristallo, Antelao, Pelmo oder Civetta. Drei Passstraßen und viele Bergbahnen erschließen diese Welt – auch den über 3244 Meter hohen Tofana di Mezzo, mit großartigem Blick in die Dolomiten.

TIPP

Im Ort parkt es sich mit dem Wohnmobil schlecht (viele Verbote). Daher am besten gleich auf einen der Campingplätze ausweichen, die jedoch etwas außerhalb liegen, z. B. Camping Olympia (siehe S. 147), Camping Cortina oder Camping Rocchetta.

Gleich hinter Cortina d'Ampezzo erheben sich die ersten Gipfel.

Respect harder
CORTINA HOTEL

So stellt man sich den Camper-Urlaub im sonnigen Val di Fassa vor, hier beim Camping Vidor Resort.

TRENTINO

Kontrastreiche Vielfalt auf Italienisch

Das Trentino erstreckt sich von den Dolomiten bis zum Gardasee und ist eine der reizvollsten Regionen Italiens. Egal ob Wandern, Skifahren, Baden oder Sightseeing – alles geht hier. Hinzu kommen die hübschen Orte, die sonnigen Weinberge und die großen National- und Naturparks, die Campinggäste aus ganz Europa anziehen.

Dieser seenreichste Landesteil im Norden Italiens lebt von starken Kontrasten: Die hochalpine Landschaft der Dolomitengipfel steht im Gegensatz zur Gardaseesenke, die schon nahezu mediterranes Klima verströmt, auch wenn dort noch hohe Berge wie der berühmte Monte Baldo stehen. Größte Stadt ist Trient (Trento) im Etschtal. Das Trentino als ungemein beliebte Ferienregion hat sehr viele hervorragende Campingplätze. Dort kann man an kristallklaren Seen, unter schroffen Felswänden und in grünen Tälern wahlweise entspannen oder zu sportlichen Abenteuern starten. Hochsaison ist Mitte Juli bis Mitte August, doch wenn die Wetterlage stimmt, kann man auch die Monate April und November nutzen, wenn nicht so viel los ist. Die Brennerautobahn durchquert von Nord nach Süd das Trentino, das auch über ein gutes Netz an Bussen verfügt (www.trentinotrasporti.it).

DIE TOP 5 STELL- UND CAMPINGPLÄTZE DER REGION

1. Stellplatz Via Fersina
Via Fersina
I-38123 Trento
trentinomobilita.it
GPS: 46.048584, 11.120741

2. Camping Daino
Viale Daino 43
I-38070 Pietramurata
campingdaino.com
GPS: 46.023934, 10.943998

3. Camping Penisola Verde
Via Penisola Verde 5
I-38050 Calceranica al Lago
www.penisolaverde.it
GPS: 46.005835, 11.247022

4. Stellplatz Brione
Via Brione 1
I-38066 Riva del Garda
altogarda-parcheggi.it
GPS: 45.879594, 10.858893

5. Camping Azzurro Ledro
Via Alzer 5
I-38067 Pieve di Ledro
campingazzurro.net
GPS: 45.884960, 10.731295

Sonnenverwöhnter Weingarten in der Rotaliana-Ebene (Etschtal, bei Trient).

107 TRIENT

Hauptstadt des Trentino

Die schöne alte Bischofs- und Universitätsstadt im weiten Tal der Adige (Etsch) am Fuße des Monte Bondone ist das Zentrum der italienischen Provinz Trient. Zu Trentos bzw. Trients wichtigsten Sehenswürdigkeiten gehören das denkmalgeschützte Schloss Buonconsiglio im Nordosten der Altstadt und natürlich der Domplatz, um den herum wie auch an einigen zentralen Straßen die prächtigen Patrizierhäuser und Renaissancepalazzi erbaut wurden. Auch die beiden Museen MART und MUSE sind einen Besuch wert. Wer im Winter dort ist, sollte die einmalige Atmosphäre des berühmten Weihnachtsmarktes nicht verpassen!

TIPP

Will man über Nacht in Trient bleiben, geht das auf den Stellplätzen der Stadt, z. B. in der Via Fersina. Soll es aber am selben Tag noch weiter Richtung Gardasee gehen, bietet sich südlich von Trient der kleine und preiswerte Camping Daino an (beide siehe S. 155).

108 SUGANERTAL

Tal der Seen

Im Valsugana, östlich von Trient, liegt der Caldonazzosee, der größte See des Trentino, und gleich nebenan der Levicosee. Steil umrahmt wird das Tal mit den beliebten Badeseen und dem Hauptort Borgo Valsugana von den Vizentiner Alpen im Süden, den Fleimstaler Alpen im Norden und den Belluneser Alpen im Nordosten. Hier sollte man unbedingt seine Wander- oder Radtouren mit einem Besuch bei den Weinbauern verbinden. Viele der Wege führen durch oder entlang sonnenbeschienener Rebhänge. Die vielen Campingplätze in Seenähe haben meist eine Versorgungsstation, jedoch erst wenige Stellplätze extra für Wohnmobile.

TIPP

Wer aus Richtung Trient ins Valsugana abbiegt, um einen Badetag am herrlich gelegenen Caldonazzosee einzulegen, und danach den Gardasee ansteuert, der kann dazu dem schönen Flusstal weiter folgen, das sich zunehmend fast schluchtartig verengt.

Panoramablick über Trient, mit der Etsch im Vordergrund.

Blick über den Gardasee hinweg zum Monte Baldo (links). Das Museo delle Palafitte del Lago di Ledro informiert über die historischen Pfahlbauten am Ledrosee (rechts oben). Die Gegend um den Gardasee ist auch zum Mountainbiken sehr beliebt (rechts unten).

109 MONTE BALDO

Der Blumige

Im Nordosten erstreckt sich, den Gardasee vom Etschtal trennend, das kilometerlange Bergmassiv des Monte Baldo. Berühmt für seine Blumenpracht und seine Prachtaussicht, erreicht es im Cima Valdritta fast 2200 Meter! Dank des milden Klimas und nur 65 Metern Seehöhe zeigen sich unten im Tal oft schon die Blüten, während auf der Höhe noch der Schnee glitzert.

TIPP

Aus dem Etschtal heraus können geübte Bergwanderer mit etwas Kondition und Trittsicherheit den Monte Baldo aus eigener Kraft erobern. Am Gipfelkamm wird man dann zum krönenden Abschluss durch den Blick hinab zum 2000 Meter unterhalb im Sonnenlicht glitzernden Gardasee belohnt!

110 GARDASEE

Alpin und maritim

Mit rund 52 Kilometern Länge und 17 Kilometern Breite ist der Gardasee der größte See Italiens. Rundum ist man auf Touristen und Urlauber am Wasser eingestellt. Charakteristisch sind die steilen Gardaseeberge im Kontrast zum mediterranen Klima im flachen Land. Nur der schmale, nördlichste Teil des Sees gehört zum Trentino. Wegen der vorherrschenden Winde liegt dort DER Surfer- und Segel-Hotspot.

TIPP

Wie in den meisten touristischen Hochburgen ist es auch am Gardasee nicht gerade preiswert. Einiges an Geld lässt sich sparen, wenn der Übernachtungsplatz nicht unbedingt in der ersten Reihe der vielen Campingplätze liegen muss. Der größte Campingplatz nimmt bis zu 7500 Gäste auf!

111 VAL DI LEDRO

Idylle mit See

Wie herrlich man im Trentino wandern, klettern oder mountainbiken kann, beweist einmal mehr das Val di Ledro. Wenige Kilometer westlich des Gardasees punktet das Tal mit zahlreichen Aussichtsbergen und einem herrlichen Badesee. Der Ledrosee ist besonders klar und sauber und erreicht im Sommer sehr angenehme Temperaturen. Eine Promenade verbindet alle Ortschaften entlang dem Nordufer.

TIPP

Am Ostufer des Ledrosees entdeckte man im Wasser mehr als 10 000 Holzpfähle und Statuen aus der Bronzezeit. Das Museo delle Palafitte zeigt die rekonstruierten Pfahlbauten gleich neben dem archäologischen Areal, das zum UNESCO-Welterbe gehört (palafitteledro.it).

Kranjska Gora gehört zu den bekanntesten Orten Sloweniens – hier mit der Kirche Mariä Himmelfahrt.

JULISCHE ALPEN

Berge, Wald und klares Wasser

Im Nationalpark Triglav, wo das Bergland vielerorts noch regelrecht einsam und geprägt von Karstbergen, Wäldern und tiefen Tälern ist, findet man im äußersten Nordwesten Sloweniens vielleicht jene Ursprünglichkeit der Landschaft, wie sie in vielen anderen Alpengebieten kaum mehr spürbar ist.

Die Julischen Alpen als südöstlichster Ausläufer der südlichen Kalkalpen sind größtenteils slowenisch und liegen überwiegend im Nationalpark Triglav mit dem höchsten und namensgebenden Berg, dem 2864 Meter hohen Triglav. In das verkarstete Kalkgebirge haben sich glasklare Bäche und Flüsse tief eingegraben und bieten Wildwassersportlern ideale Verhältnisse. Selten besuchte Felsgipfel locken versierte und ausdauernde Bergsteiger, denn zwischen Tal und Gipfel liegen meist sehr viele Höhenmeter, und idyllische Seenlandschaften laden zum Wandern ein. Im Dreiländereck Österreich–Italien–Slowenien führt südlich von Villach der Wurzenpass über die Karawanken in die Julischen Alpen, ist aber mit bis zu 18 Prozent Steigung für Wohnmobile nicht gerade zu empfehlen. Leichter geht's durch den Karawankentunnel (Maut) oder über Italien (Tarvisio, Predilpass). Die Camping- und Stellplätze sind meist einfach, aber praktisch gehalten.

DIE TOP 5 STELL- UND CAMPINGPLÄTZE DER REGION

1. Stellplatz Rateče-Planica
(am Nordischen Zentrum)
SI-4283 Rateče
GPS: 46.477839, 13.725088

2. Camping Trenta
Trenta 60a
SI-5232 Soča
GPS: 46.389141, 13.746883

3. Camp Korita
Soča 38
SI-5232 Soča
camp-korita.com
GPS: 46.341148, 13.684724

4. Camping Bled
Kidričeva cesta 10c
SI-4260 Bled
sava-camping.com
GPS: 46.361667, 14.08198

5. Camp Bohinj
Ukanc 5
SI-4265 Bohinjsko jezero
camp-bohinj.si
GPS: 46.278943, 13.837737

112 TRIGLAV-NATIONALPARK

Natur pur

Der einzige Nationalpark des Landes macht gleich vier Prozent der gesamten Fläche Sloweniens aus und deckt dabei fast komplett den östlichen Teil der Julischen Alpen ab. Wanderwege und Lehrpfade erschließen die Landschaft, Besucherzentren organisieren geführte Wanderungen, auch in deutscher Sprache. Rund zwei Drittel der Parkfläche sind bewaldet. Darüber steigen hell die Felsgipfel meist aus Kalkstein auf. Besonders sehenswert ist auch das Sieben-Seen-Tal mit schönem Blick zum Triglav (Nationalpark Triglav: tnp.si).

TIPP

Die Straßen in Slowenien sind teilweise recht eng. Außerdem sollte man vor Tunneleinfahrten unbedingt auf die Höhenangabe achten: Nicht alle sind hoch genug für Womos.

113 PLANICA

Weltberühmte Schanzen

Wer bei Kranjska Gora unterwegs ist, sollte sich die riesigen Skisprungschanzen in Planica anschauen. Hier wurde Sportgeschichte geschrieben, als 1936 zum ersten Mal ein Sprung über die magische 100-Meter-Marke hinaus gelang! Inzwischen kann man selbst mit der Planica-Zipline die größte Flugschanze der Welt überfliegen (planica-zipline.si). Eine Wanderung zum Berg Jalovec startet man am besten am Stellplatz Planica gegenüber den Schanzen (S. 161).

TIPP

Zu Fuß von Planica zur Tamar Hütte am Ende des Tales: Von der Alpenvereinshütte auf 1108 Metern Höhe kann auch der Bergwanderer dem 2645 Meter hohen Jalovec, der als schönster Berg Sloweniens gilt, ein Stück näherkommen.

Im Winter wie im Sommer ist Kranjska Gora ein beliebtes Reiseziel (links). Der Triglav-Nationalpark ist ein Naturparadies, das gut durch Wanderwege erschlossen ist (rechts).

114 KRANJSKA GORA

Tor zum Nationalpark

Wo sich Slowenien, Italien und Österreich begegnen, liegt der beliebte Urlaubsort Kranjska Gora. Die Stadt auf rund 810 Metern Höhe im Tal der Save wird von den schneebedeckten Karawanken im Norden und dem Kalkgebirge der Julischen Alpen im Süden umrahmt. Die Tradition des slowenischen Skispringens vermittelt das weltbekannte Nordische Zentrum Planica, südlich beginnt der Triglav-Nationalpark, in Mojstrana gibt es ein sehenswertes Bergsteigermuseum.

TIPP

Zum schönsten Triglav-Blick: Von Kranjska Gora biegt man bei Mojstrana ins Vratatal ab und nähert sich von Norden dem Fuß der gewaltigen Nordwand! Der Triglav ist nationales Wahrzeichen und »König« der Julischen Alpen.

115 SOČA

Lebhafter Gebirgsfluss

Die türkisfarbenen Wasser der Soča sind im ursprünglichen Triglav-Nationalpark ein Revier erfahrener Wildwasserpaddler. Der 136 Kilometer lange slowenisch-italienische Gebirgsfluss mündet unter seinem italienischen Namen Isonzo in den Golf von Triest. Der eindrucksvolle Vršič-Pass (1611 m), der mit insgesamt 49 Kehren nicht ganz einfach zu befahren ist, führt von Kranjska Gora Richtung Süden ins Flusstal nach Trenta.

TIPP

Die Soča ist touristisch recht gut erschlossen. Es gibt mehrere Campingplätze und Kanuvermieter. Der Fluss ist kein einfaches Paddelrevier. Schließen Sie sich am besten einer geführten Tour an. Zur Befahrung braucht man eine Erlaubnis!

Der Bohinj- oder Wocheiner See mit der Kirche Sveti Janez ist schon immer ein Anziehungspunkt.

116 BLED

In traumhafter Umgebung

Ebenfalls im Savetal, aber weiter im Südosten, befindet sich der beliebte Luftkurort Bled. 500 Meter hoch gelegen, hat sich das Tal hier, am östlichen Rand der Julischen Alpen, schon sehr geweitet. Bled bietet im Umkreis des Triglav-Massivs nicht nur eine wunderbare Landschaft, die durch den romantischen, von unterirdischen Quellen erwärmten Bleder See bereichert wird, sondern mit Burg Bled auch die älteste Burg Sloweniens, die auf einem Felsen oberhalb des Sees residiert. Vom Burghof hat man eine prächtige Aussicht, auch auf die kleine Insel mit der Kirche, zu der ein kleiner Ausflug unbedingt lohnt.

TIPP

Um die wie von einem Maler entworfene kleine Insel im Bleder See mit der alten Marienkirche einmal zu erkunden und die Umgebung aus neuer Perspektive zu erleben, kann man sich mit dem Boot übersetzen lassen und dann dort auch in aller Ruhe einkehren.

117 WOCHEINER SEE

Sloweniens Schönster

Einige Kilometer westlich von Bled befindet sich am Ostrand des Triglav Nationalparks (S. 162) eine weitere Perle der Natur: der See von Bohinj, »Bohinjsko jezero« oder Wocheiner See. Gut vier Kilometer lang und über einen Kilometer breit, ist er zugleich der größte natürliche See Sloweniens und von Bled über eine Straße gut zu erreichen. An seiner Ostseite steht die kleine alte Kirche Sveti Janez (hl. Johannes der Täufer), die einige schöne Fresken im Inneren zieren. Und zum Savica-Wasserfall ist es vom westlichen See-Ende bei Ukanc nicht weit.

TIPP

Von Ukanc kann man zu schönen Wanderungen aufbrechen. Insbesondere das Sieben-Seen-Tal ist sehr reizvoll. Aber auch ein Spaziergang entlang dem See vermittelt ein intensives Landschaftserlebnis. Zusätzlich zum Campingplatz am See gibt es am Bahnhof von Bohinjska Bistrica einen Womo-Stellplatz (camperstopbohinj.com).

In exponierter Lage oberhalb des Sees liegt die über 1000-jährige Burg Bled.

REGISTER

BILDNACHWEIS

Die Abbildungen im Innenteil stammen von folgenden Bildgebern: © NPHT, M. Lackner: S. 5; © Füssen Tourismus und Marketing: S. 6 114 BSE-AIRpix.de_Sebastian Jahn, 115 Andreas Hub; Fototeca Trentino Sviluppo S.p.A.: S. 7 Pio Geminiani , 154 Tommaso Prugnola, 157 Carlo Baroni; © Alain Morandina / Maison du Tourisme du Pays d'Albertville: S. 7, 135; PHOTO - Matthias Pinn, Camping des Glaciers: S. 10/11, 91; Bergführerbüro Reutte: S. 12; Camping Grubhof: S. 13; © nockalmstrasse.at: S. 14, Andreas Kolarik 55; Graubünden Ferien: S. 15, 77 u. © Andrea Badrutt, 76 © Stefan Schlumpf, 96 Leo Domingos, 97 Gianni Bodini; Alpen-Caravanpark Tennsee: S. 16, 106; IDM Südtirol-Alto Adige: S. 17 Alex Filz, 141 Benjamin Pfitscher, 143 u. Tiberio Sorvillo, 144 Daniel Geiger, 149 Manuel Kottersteger, 151 Thomas Grüner; Eggental Tourismus: S. 142 Helmut Rier; TVB Osttirol: S. 18 I. Wibmer, 22 bikeboard/Ronald Kalchhauser, 24 Leischner, 25 o. Waldner Ramona; © grossglockner.at: S. 20, 21 © Albin Niederstrasser; © HT-NPR, Franz Gerdl: S. 23; Felbertauernstraße AG / Martin Lugger: S. 25 u.; © SalzburgerLand Tourismus: S. 26/27 Daniel Breuer, 28 Jonathan Forsthuber, 32 Markus Berger; © Tourismus Salzburg GmbH: S.30/31 Günther Breitegger; © Sandra Lankmaier / Wildpark Grünau: S. 32/33 o.; © TVB Traunsee-Almtal / brainpark.traunsee: S. 33 u.; dachstein-salzkammergut.at / Edgar Demmel: S. 34; © STMG / Wolfgang Stadler: S. 35; © photo-austria / Christine Höflehner: S. 36, 38/39, 43; TV Schladming-Dachstein / © Mathäus Gartner: S. 40, 41; © DAG - Foto Hofer: S. 42; © Stefan Leitner / Nationalpark Gesäuse: S. 44; Tourismusverband Gesäuse: S. 46 © Thomas Sattler, 47 © Stefan Leitner; VA Erzberg/ Fotograf August Zöbl: S. 48; Stadtgemeinde Eisenerz / Michael Pezmann: S. 49; Weissensee Information: S. 50 © Stefan Valthe, 54 © Martin Steinthaler | tinefoto.com Adler Arena: S. 52; Burg Hochosterwitz / August Zoebl: S. 56; Tourismus Region Klagenfurt am Wörthersee: S. 57 o. © pixelpoint multimedia, 57 u. © Franz Gerdl; Tirol Werbung: S. 58 Rathmayr Michael, 60 Schwarz Jens, 61 Sandbichler Peter, 62, 63 o., 70 Aichner Bernhard, 63 u. Venier Martin, 71 o. Koopmann Jörg, 71 u. Mallaun Josef, 107 u. Erwin Haiden (bikeboard.at); Bludenz Stadtmarketing GmbH, Matthias Rhomberg: S. 64, 67; © Brandnertal Tourismus, Hanno Thurnher: S. 66; © Golm Silvretta Lünersee Tourismus GmbH, Christoph Schöch: 68/69; © Engadin St. Moritz Tourismus AG: S. 72 Gian Andri Giovanoli / KMU Fotografie, 74, 75 o., 75 u., 77 o.; © Jungfrau Region Tourismus AG: S. 78, 82, David Birri 83; Interlaken Tourismus Byline: swiss-image.ch: S. 80 Fabian von Moos, 81 o. Mike Kaufmann, 81 u. Jost von Allmen; Ferienregion Andermatt: S. 8/9 Martin Wabel, 84 Valentin Luthiger, 94 Mike Niederhauser; © Grimselwelt / David Birri: S. 85; Lötschental Marketing AG: S. 86 Marco Schnyder, 90; LT / www.diapo.ch: S. 88; © Maude Rion / Montreux-Vevey Tourisme: S. 89; Gornergrat Bahn: S. 92; © lumiere.ch / Sion Tourisme: S. 93 o.; © Saastal Tourismus AG / Lorant Buntie: S. 93 u.; Sedrun Disentis Tourismus / M. Nutt (mattiasnutt.ch): S.98; Rinerhorn | davosklostersmountains.ch: S. 100/101; Bayerische Zugspitzbahn Bergbahn AG / Matthias Fend: S. 102; © GaPa Tourismus GmbH: S. 104 Marc Gilsdorf, 105 Marc Hohenleitner; TVB Tannheimer Tal: S. 108 Meurer Achim, 116/117 Ehn Wolfgang; Rubi-camp, Oberstdorf: S. 110; Kleinwalsertal Tourismus: S. 111; Lindau Tourismus: S. 113 David Knipping, 122 Achim Mende; MTK: S. 118, 120 Achim Mende, 125 Dagmar Schwelle; © Thomas Egger / St. Gallen-Bodensee Tourismus: S. 123; © Christiane Setz – visitbregenz: S. 124; © OT Vallée de Chamonix: S. 126, 131 Morgane Raylat, 130; © Savoie Mont Blanc: S. 128 Sabine Bijasson, 134 Mari, 137 u. Cervellin; © Genève Tourisme - www.geneve.com / Adam Soufi: S. 129; Archiv Heckmair-Auffermann: S. 133, 136; © Laurent Salino / Alpe d'Huez Tourisme: S. 137 o.; IDM_Achim_Meurer: S. 138; AST_Alex_Filz: S. 140; © Consorzio Turistico Marmolada: S. 143 o.; valgardena.it: S. 145; Cortina Marketing: S. 146 Benedetta de Zanna, 150 Pietro Albarelli, 152/153 Federico Corvi; MMM Ripa / Magdalena Messner: S. 148; © www.pianarotaliana.it: S. 156; Archivio Garda Dolomiti SpA: S. 158 GP Calzà, 159 o. Museo delle Palafitte, 159 u. Jennifer Doohan; Photo Benjamin Črv, Archive of Tourist Board Kranjska Gora: S. 160; Archive of Slovenian Tourist Board: S. 162 Alan Kosmac, 163 Ana Pogacar; Mitja Sodja, Archive Tourism Bohinj: S. 164; Jošt Gantar, www.bled.si: S. 165; Shutterstock: S. 53 vladkaminski, 107 o. FooTToo, 112 frantic00, 120 trabantos.

IMPRESSUM

Verantwortlich: Kerstin Thiele
Redaktion und Lektorat: Anne Köhler
Satz: Silke Schüler
Repro: LUDWIG:media
Kartografie: Huber Kartografie
Herstellung: Anna Katavic
Printed in Slovenia by Florjancic

★★★★★

Sind Sie mit diesem Titel zufrieden? Dann würden wir uns über Ihre Weiterempfehlung freuen.
Erzählen Sie es im Freundeskreis, berichten Sie Ihrem Buchhändler, oder bewerten Sie bei Onlinekauf. Und wenn Sie Kritik, Korrekturen, Aktualisierungen haben, freuen wir uns über Ihre Nachricht an Bruckmann Verlag, Postfach 40 02 09, D-80702 München oder per E-Mail an lektorat@verlagshaus.de.

Unser komplettes Programm finden Sie unter www.bruckmann.de

Alle Angaben dieses Werkes wurden vom Autor sorgfältig recherchiert und auf den neuesten Stand gebracht sowie vom Verlag geprüft. Für die Richtigkeit der Angaben kann jedoch keine Haftung übernommen werden, weshalb die Nutzung auf eigene Gefahr erfolgt. Insbesondere bei GPS-Daten können Abweichungen nicht ausgeschlossen werden. Sollte dieses Werk Links auf Webseiten Dritter enthalten, so machen wir uns die Inhalte nicht zu eigen und übernehmen für die Inhalte keine Haftung.

In diesem Buch wird aus Gründen der besseren Lesbarkeit das generische Maskulinum verwendet. Weibliche und anderweitige Geschlechteridentitäten werden dabei ausdrücklich mitgemeint, soweit es für die Aussage erforderlich ist.

Umschlagvorderseite: Einer der schönsten Schweizer Campingplätze: Camping des Glaciers in La Fouly (Matthias Pinn, Camping des Glaciers)
Umschlagrückseite: o. Die vielen Seen sind Kärntens Trumpf – hier der Weissensee (Weissensee Information © Stefan Valthe). u. li. Einfach herrlich – Camper-Urlaub im Trentino (Trentino Sviluppo S.p.A/Tommaso Prugnola). u. re. Ein Stellplatz in der Natur mit viel Freiraum – so wünscht man es sich (Matthias Pinn, Camping des Glaciers).
Umschlagklappe vorne: o. Das Erlebnis Alpen ist mit dem Wohnmobil ein ganz unmittelbares. m. Kleine Camper haben in den Alpen durchaus ihre Vorteile. (Foto oben u. Mitte: Matthias Pinn, Camping des Glaciers); u. Am Gosausee mit Blick auf den Dachstein (Dachstein-Salzkammergut, Edgar Demmel).

Die Deutsche Nationalbibliothek verzeichnet diese Publikation in der Deutschen Nationalbibliografie; detaillierte bibliografische Daten sind im Internet über http://dnb.d-nb.de abrufbar.

ISBN 978-3-7343-2433-8